中国劳动关系理论与政策研究丛书

The Research of
Migrant Workers Social
Management Innovation

农民工社会管理创新研究

王祥兵 · 著 ·

中国工人出版社

图书在版编目（CIP）数据

农民工社会管理创新研究／王祥兵著．—北京：中国工人出版社，2013．6
ISBN 978－7－5008－5520－0

Ⅰ．①农…　Ⅱ．①王…　Ⅲ．①民工－社会管理－创新管理－研究－中国
Ⅳ．①D422．6

中国版本图书馆 CIP 数据核字（2013）第 123899 号

农民工社会管理创新研究

出 版 人　李庆堂
责任编辑　方　祯
责任校对　赵　思
责任印制　栾征宇
出版发行　中国工人出版社（北京市东城区鼓楼外大街 45 号 邮编：100120）
网　　址　http：//www．wp-china．com
电　　话　010－62350006（总编室）　010－82075935（工会与劳动关系分社）
010－62005042（传真）
发行热线　010－62004002　62389465（读者服务部）
购书网址　http：//ghyldgx．taobao．com
经　　销　各地书店
印　　刷　化学工业出版社印刷厂
版　　次　2013 年 6 月第 1 版　　2013 年 6 月第 1 次印刷
开　　本　710 毫米×1000 毫米　1/16
字　　数　210 千
印　　张　12
定　　价　36．00 元

序　言

吴忠观①

加强和创新社会管理，是近年来社会各界尤其关注的一个重大问题。2011年胡锦涛同志在省部级主要领导干部社会管理及其创新专题研讨班发表的重要讲话中指出："要加强和创新社会管理，提高社会管理科学化水平，建设中国特色社会主义社会管理体系。"党的十八大报告更是鲜明提出："要围绕构建中国特色社会主义社会管理体系，加快形成'党委领导、政府负责、社会协同、公众参与、法治保障'的社会管理体制，加快形成政府主导、覆盖城乡、可持续的基本公共服务体系，加快形成政社分开、权责明确、依法自治的现代社会组织体制，加快形成源头治理、动态管理、应急处置相结合的社会管理机制。"中央从全局和战略高度提出中国特色社会主义社会管理这个重大思想，就突出强调了社会管理在中国特色社会主义伟大事业总体布局中的重要地位，需要社会各界特别是学术界的高度关注和深入研究。特别是在"世情、国情、党情继续发生深刻变化，我们面临的发展机遇和风险挑战前所未有"的新形势下，在我国面临着超过2亿流动人口需要融入城市这个世界上最大人口规模的城市化浪潮前，如何加强和创新农民工社会管理，是一个非常值得社会各界深入研究的重要课题。应该说，学术界围绕农民工社会管理创新这个重大课题，对农民工就业、农民工社会保障、农民工权益保护、农民工市民化等方面进行了大量研究，产生了一系列的重要成果，为中央及地方政府解决农民工问题、加强农民工社会管理提供了有益借鉴，做

① 作者系四川省人口学会名誉会长，中国人口学会终身名誉会员，享受国务院特殊津贴专家，人口学博士生导师。

出了积极贡献，也收到了良好的效果。

加强和创新农民工社会管理得到社会各界的高度重视，说明了这个问题的极端重要性和迫切性，也表明了这项研究具有极强的理论价值和现实意义。简单来看，首先，农民工作为城市居民的一部分，在子女接受教育、社会保障等方面应当享有与城市职工同样的权益，但长期城乡二元结构的束缚，法律法规缺失等，使得当前农民工社会管理还存在很多问题，如收入待遇偏低，劳动时间偏长、劳动保护不足，社会保障缺失，体制机制障碍没有完全破除等，这些现实问题引起了社会各界的高度重视。关注农民工社会管理，就是在关注社会热点和政策问题。就像作者所说的“为‘破解农民工问题’与‘加强和创新社会管理’这两项国家层面的政策议题提供理论依据”。其次，中国面临着有史以来最大规模的城市化，需要以改革创新精神来推动农民工社会管理问题的有效解决。中国是世界上人口最多的国家，存在着最多样、最复杂的人口问题，农民工问题就是其中非常突出、非常典型的问题之一。农民工所具有的双重社会身份、双重社会地位和双重社会生活，导致了农民工在融入城市和现代文明中面临着诸多挑战。这种由于工业化、城市化快速发展与城乡二元结构所带来的问题和障碍，需要以较强的理论创新精神予以研究，并探寻出一条解决问题的新路子。研究农民工社会管理，就是在回答如何推进城乡统筹、破解“三农”问题、维护权益平等的重大理论问题。可以说，在我国的现代化整体进程中，破除城乡二元结构、解决农民工问题、创新农民工社会管理占有十分重要的地位，理应受到社会各界的重视，并需要社会各界弄清农民工社会管理的现实状况是什么？从哪些方面来创新农民工社会管理？如何破除制度约束进一步创新农民工社会管理？可以预见，随着中国特色社会主义社会管理体系的进一步形成以及城乡二元结构向一元结构的逐步转变，农民工社会管理的重要性会充分突显，围绕这一领域或许会产生令世界侧目的重大成果。当然，当中国顺利走完城市化道路，城乡二元结构彻底转变为一元结构，农民工这个特殊的群体将不复存在，农民工社会管理亦将成为历史。

王祥兵博士的《农民工社会管理创新研究》，从构建中国特色社会主义社会管理体系出发，研究分析了农民工社会管理创新，是一部回应社会关切、解决现实问题、探寻发展路径的力作。我认为，本书最大的特点和优点是在于：以马克思主义、毛泽东思想、邓小平理论、“三个代表”重要思想和科学发展观为指导，从国家政策议题层面出发，通过调查研究等手段，深入剖析了当前农民工社会管理的现实状况和存在问题，借鉴和吸收了当前学术界对农民工社会管理研究探索的最新成果，采取了规范研究与实证研究相结合、定性研究和定量研究相结合、历史研究和现实研究相结合、制度分析与政策分析相结合的方法，构建了比较规范的农民工社会管理分析框架，并试图建立农民工社会管理改革创新的理论和实践范式。可以说，本书针对农民工社会管理有了一个比较全面和系统的研究，有机补充了当前学术界存在的不足，读后引人深思。总的来看，全书呼应现实、关注民生、立论有据、创新有力，特别是有两个方面的特点尤其值得关注。

首先，作者比较系统地架构起了农民工社会管理的研究框架。作者认为“农民工社会管理，主要是指以保障农民工基本权益，促进农民工顺利融入城市为目的的社会管理活动”。并认为农民工社会管理包含了两个层次的内容：一是包含平等就业、公共服务、权益保障、融入城市等内容；二是包括利益分配机制、利益协调体制、社会保障体制等农民工社会管理的机制体制。然后作者围绕形成“党委领导、政府负责、社会协同、公众参与、法治保障”的社会管理格局这个根本要求来展开具体研究，从政府职能转变、社会组织、工会组织、农民工权益保障与农民工社会管理等方面进行了专门阐述和分析，并得出了当前加强和创新农民工社会管理的若干结论、方向和政策启示。这使得全书形成了一个紧密相连、融会贯通、说服力强、浑然一体的强大逻辑链条，有效地架构起了农民工社会管理的研究框架。

其次，作者对农民工社会管理政策体系改革创新进行了深入分析。作者在充分把握农民工社会管理政策设计的路径选择和总体框架后，对农民工社会管理创新政策体系改革创新进行了深入研究。作者从改革户籍制度、社会保障制度、子女教育制度、农村土地制度等重点领域和关键环节入手，试图把制约农民工社会管理创新的深层次、制度性问题找出来并加以解决。作者认为“改革农民工社会管理的制度供给，是为了在制度上、根子上改变或改善不利于农民工权益保护，不利于农民工社会管理创新，不利于农民工顺利融入城市的种种做法，是带全局性、系统性、根本性的问题”。显然，作者并没有囿于就社会管理而言社会管理的思维模式，而是跳出了既有的分析框架和思维陷阱，使得研究的深度极大延伸，思维的广度极大拓展，非常精准地找准了制约农民工社会管理的根本问题所在。作者还对农民工社会管理服务体系创新进行了研究，指出要把“融入城市”作为农民工社会管理创新的根本理念，要建立全民覆盖农民工的公共服务体系，健全农民工教育培训体系，等等。这些对策建议具有很强的操作性，体现了作者把理论与实践充分融会贯通的可贵学术素养。

总之，科学研究贵在创新，本书是一部针对农民工社会管理创新之作，在许多方面都有独到的见解，读后使人耳目一新。作者王祥兵博士是一位从事工会工作的青年学者，他从基层走出来，对社会民生保持着近距离的观察和特别的情感，并在社会学、经济学、人口学等方面都有一定的研究。本书是他于2008—2012年在西南财经大学师从刘家强教授攻读人口学博士学位时，潜心苦读、凝其心智的博士论文，也是他多年学习思考研究的结晶。在论文答辩前，曾送我国一些著名人口专家和经济学专家评阅，深受好评。答辩时，又获得了与会专家的一致首肯。我非常高兴看到青年才俊的研究成果公开出版，在读了他的这篇论文后，欣然命笔，为其作序，同时，也希望王祥兵博士更上一层楼，多出成果，为我国实现全面现代化和建设小康社会作出更多贡献。

是为序。

2013年3月于光华园

内容简介

农民工是我国社会转型时期工业化和城市化进程中出现的特殊现象和特殊群体，农民工问题是城乡二元体制所导致的一种畸形社会问题。因农民工身份转变落后于职业转变，社会地位转变落后于经济地位转变，虽不再从事农业生产而从事非农产业，但他们仍然被排斥在城市化进程之外，不能享受与城市居民同等的就业权、受教育和培训权、社会管理参与权、社会资源享受权、社会保障权等。这种体制不利于我国城乡差距的缩小，不利于农民工身份的转换，不利于市场经济的发展，已经成为制约构建和谐社会和全面建设小康社会进程的重要因素，迫切需要国家对此予以高度重视，并通过一系列的制度规范和措施予以解决。在这一转变过程中，加强和创新农民工社会管理就成为当前最能率先做出的战略选择，也是逐步解决农民工问题和完成农民工市民化的务实之策。

加强和创新农民工社会管理的理论与实践意义主要表现在以下几个方面：一是农民工是和谐社会建设的重要力量，研究农民工问题，加强和创新农民工社会管理是构建和谐社会的重要内容。二是农民工问题本质上是我国二元结构下相当长时期内困扰我国经济社会发展的“三农”问题，农民工问题及社会管理创新能为妥善解决“三农”问题提供重要的参考。三是回答了当前国家及地方政府在改革发展稳定大局中非常关心的现实问题，为各级政府的政策制定与决策提供很好的研究素材。四是为破解“农民工问题”与“加强和创新社会管理”这两项国家层面的政策议题提供了理论依据，拓展了其理论内涵，丰富了其理论体系。五是扩展了社会学、人口学、公共管理等学科的学术视野，夯实了学科发展的理论基础。

全文共分为九章。

第一章是导论。本章提出了研究的背景、意义以及要讨论的相关问题，阐述了本书的研究思路及方法，提出了研究的基本框架，总结了本书的创新及不足。

第二章是相关理论与文献综述。循着全文所要涉及的诸多方面展开文献述评及理论研究，并对农民工社会保障、社会制度、社会网络、社会认同、权益保障、社会管理创新等方面的文献进行了梳理，对这一领域的相关研究进行了述评，根据对理论和文献的研究，最后提出了本书的理论框架。此章为后面的深入研究提供了基础和支撑。

第三章是农民工问题及其社会管理现状的调查。本章基于对农民工问题及其社会管理现状的调查研究，深入分析当前农民工问题及其社会管理现实，得出的调查结果表明农民工规模庞大、身份特殊、经济社会地位较低、就业不稳定性与流动性强、权益受损明显、与当地居民和政府的关系不太理想，但农民工追求平等就业、分配正义及合理分享经济发展成果的愿望更加强烈、权益意识高涨、农民工自我追求升华，并据此得出了农民工社会管理的相关启示。

第四章是农民工社会管理：现状、问题与方向。本章基于农民工社会管理的现实需求与实践考察，分析了农民工社会管理的历史演进和农民工在就业、权益维护，培训、社会保障与公共服务等方面的状况，明确了当前农民工社会管理存在的问题与困境，提出了农民工社会管理的重点和方向。为后面章节的进一步阐述奠定了基础。

第五章是政府职能转变与农民工社会管理创新。本章从政府职能转变对于农民工社会管理的重要意义出发，论及了“刘易斯拐点”与劳动力格局变迁，分析了政府职能转变与社会管理的关系，阐述了政府在农民工社会管理创新中的具体作用。政府要围绕着农民工社会管理创新的理念、制度和方式展开各项工作，充分转变政府职能，更加注重社会建设与管理，更加注重农民工的切身利益，有效推进农民工的市民化。

第六章是社会组织、公众参与与农民工社会管理创新。本章从社会组织和公众参与角度出发，集中阐述了社会组织、公众参与、社区建设对于农民工社会管理创新的重要意义，分析了社会组织、公众参与、社区建设在农民工社会管理创新中的作用，并探索了如何发挥社会组织作用，充分实现公众参与，促进社区建设与融合来创新社会管理的对策建议。

第七章是工会组织与农民工社会管理创新。本章分析了工会参与农民工社会管理的重要意义，从任务、保障、和途径三个方面探索工会参与农民工社会管理的机理，并通过对四川农民工参与工会总体状况及相关调查情况的总结，以及以四川为例的工会在农民工社会管理中作用的实证分析，对工会组织参与农民工社会管理进行了实证考察。得出了工会在农民工社会管理中扮演着无可替代的角色的结论。

第八章是农民工权益保障与社会管理创新。本章分析了农民工权益保障的现状，研究了农民工权益受损的制度困境，提出了充分保障农民工权益、创新农民工社会管理的对策建议。

第九章是农民工社会管理政策体系改革创新研究。本章论述了农民工社会管理政策体系改革创新的基本原则和思路，以及政策设计的路径选择与总体框架，并在据此给出的农民工社会管理改革创新对策。这是全文的落脚点所在。

以上九章是从四个环节来展开的，一是从选题的背景、目的与意义入手，围绕文献述评，得出全文的理论框架，并以此来展开后面环节的内容。主要回答“为什么要研究农民工社会管理”；二是对农民工问题及其社会管理的现状进行深入分析，通过调查问卷、走访等形式获取第一手资料，得出农民工问题及农民工社会管理的现状、问题与理论判断，这是全文研究的现实基础。主要回答“创新农民工社会管理在何种程度上展开”；三是紧紧围绕“党委领导、政府负责、社会协同、公众参与、法治保障”社会管理格局要求展开具体研究，包括了政府职能转变、社会组织、公共参与、工会组织、农民工权益保障与农民工社会管理的专门分析和阐述，并从这几个方面得出当前加强和创新农民工社会管理的若干结论、方向与政策启示，此部分是本书研究的核心与关键。主要回答“农民工社会管理的具体情况及怎样对待”；四是对农民工社会管理政策体系改革创新进行研究，这是通过对前面部分章节的梳理、分析、研究后，最终得出系统性的政策建议与报告，以期能推动农民工及社会管理创新问题的有效解决。此部分是全文的落脚点，也是本书的重点之所在，主要回答“农民工社会管理创新怎么办”。以上四个部分相互联系，层层递进，具有较为严密的逻辑关系。

本书具有一定的创新。一是选题较为新颖和实际，并具有一定的前瞻性，兼具理论意义和实践意义。社会管理作为党中央、国务院近期提出的一项重大战略任务，社会各界对此予以了高度重视，农民工社会管理作为其中一项关键和核心内容，不容忽视，本选题回应了国家政策层面的研究需要；二是从“党委领导、政府负责、社会协同、公共参与、法治保障”的社会管理格局出发，分别从政府职能转变与农民工社会管理创新，社会组织、公众参与与农民工社会管理创新、工会组织与农民工社会管理创新、农民工权益保障与社会管理创新的角度对此进行了探讨，理论推导较为严密，逻辑结构较为严谨；三是提出了农民工社会管理政策体系改革创新研究，把对这一领域的思考推向了更为宏观、更为具体的层面，从而有可能在国内较早建立起农民工社会管理改革创新的某种理论与实践范式；四是充分运用调查研究的方法对农民工社会管理进行科学研究，并尝试用人口学、社会学、经济学、管理学等多学科的视野对农民工社会管理进行多维度的研究。

本书还存在一些不足。一是理论支撑与阐述不够。社会学、公共管理学、人口学里诸多理论可能用来与农民工社会管理相结合而进行深入的理论探讨和研究，本书没能进一步地对此进行研究。二是计量方法使用不足。基于本书的系列调查数据，可采用社会学、经济学的诸多计量方法详细展开进行研究，但受制于方法的适用性，没能进一步进行深入细致的研究，在计量方法运用上稍显不足。三是国内外对比研究不足。国外经历过二元经济转型和城市化阶段，他们在农民工社会管理中积累了大量可资借鉴的经验，关于国内外，特别是国外的各类社会管理政策的梳理还需要在以后的学习工作中进行更加深入的研究。

目 录

1

导 论

当前，我国面临深刻的社会转型和史无前例的城镇化进程，伴随这个人类历史上最大规模人口城乡变动的大事件，农民工社会管理成为其中一项重大而迫切需要解决的课题。新世纪以来，中央及地方政府的高度重视农民工问题，先后制定出台了改善农民工就业、建立农民工社会保障体系、保障农民工权益、促进农民工社会融合等方面的政策，这些政策大都体现了各级政府对农民工社会管理的思考与谋划，在一定程度上推动了农民工社会管理创新，并取得了相应的成效。然而，这些政策的出台与取得的成效并未能从根本上解决农民工问题，有些问题依然突出，亟待深入改革破题。这些问题包括了收入待遇偏低、拖欠工资严重、劳动时间较长、劳动强度较大、劳动保护不足、职业病和工伤事故较多、农民工社会保障存在诸多体制性障碍、生存居住空间堪忧、精神文化生活匮乏等。概括来看，就是农民工的经济、政治、社会权益常常不能得到有效保障，仍然遭受着某些方面的歧视。这些问题的存在，引发了不少社会矛盾和纠纷，社会各方对此予以了高度关注和重视。种种认知和研究逻辑表明，农民工社会管理制度改革滞后是其重要原因，包括相关制度变革、利益关系调整、管理体制与方式的转变，这些都是影响农民工问题与和谐社会建设的关键因素。因此，深化农民工社会管理创新问题的研究非常重要、非常紧迫，特别是对于构建社会主义和谐社会，维护改革发展稳定大局和全面建成小康社会具有重大意义。

1.1 问题的提出与研究的意义

1.1.1 农民工发展困境需要社会管理创新

农民工是我国改革开放以来伴随着工业化、城市化、现代化进程而出现的一个规模庞大的特殊群体，是改革开放和生产力发展的产物，是当代中国由农业社会转向工业社会的过渡性群体。农民工问题也越来越成为社会普遍关注的问题，其直接关系到亿万农民工及其家属的切身利益，是一个包括了经济利益、政治利益、社会利益以及文化利益等多方面利益的综合性问题。农民工作为城市居民的重要组成部分，应当与城市职工享有一样的权益，如自由流动与自由迁徙的权利、公平就业的权利、劳动权益受国家法律保护的权利、子女接受教育和自身接受培训的权利、社会保障的权利等。然而，由于我国长久以来的城乡二元结构所形成的差异、相关法律法规及其配套措施的不健全、社会的歧视以及农民工自身的原因等，他们不能与城市职工一样平等地享有上述权利，这就导致了农民工社会地位低下、在城市立足难度大、生活和工作条件恶劣，从而对社会的对立和不满情绪较大，这些制约了农村剩余劳动力向城市的真正转移，延缓了我国城市化的进程。农民工社会管理问题日益凸显，成为农民工问题的焦点，因而社会迫切需要加强和创新社会管理来保护农民工的合法权益，促进农民工的市民化。

对于农民工的界定，理论界观点不一，但大同小异。其中普遍认同的定义是：从地域流动上来看，是从农村向城市、从不发达地区向发达地区流动；从职业上来看，是从农业领域转向非农领域；从阶层上来看，是从低收入阶层转向高收入阶层。农民工的一个鲜明特征是：在城市从事非农产业，但仍然保留农村户籍人口，缺乏城市的认同，没有实现与城市的真正融入，是由农民向工人转变、生活在社会底层的、被边缘化的群体，处于“非农非工、非城非乡”的尴尬境地。社会学对此有更深刻的解释，“农民工”是“身份+契约”的称谓①。其中，“身份”是指与生俱来的“农民”身份，“契约”是指农民在城市里的职业，个人不占有生产资料，以工资收入为主，从事生产的劳动者。还有一种较为权威的说法：农民工是指在经济社会发展

① 刘怀廉：《中国农民工问题》，人民出版社2005年版，第126页。

进程中，农村富余劳动力从离土到离乡，逐步转移到城镇和非农产业，以适应工业化、市场化和城市化的时代需要，实行职业变迁和地域流动，成为城市产业后备军并已开始就业，但是还未完全改换其双重社会身份和进入城市核心的一种处于过渡状态的，具有良好前景的新生巨大群体①。

当然，对于农民工这一概念，尚存不少反对意见，认为存在歧视性含义。不少学者给出了农民工的替代概念，如城市新移民、进城务工人员、外来务工人员、产业工人、合同工②等。但不可否认的是，社会各界已经普遍采纳了农民工这一称谓，并且从中央到地方的各级文件都运用了这一称谓。本书在采用“农民工”这个称谓与概念，不带有任何歧视的含义，目的只为更加清晰地指向该群体，比较清晰地界定从农民中分化出来到城市务工的人群。具体而言，农民工有以下特征：

一是农民工具有双重社会身份。农民工的一种职业身份是产业工人或从事其他非农领域的工作人员，这是进城农民与还在乡下从事农业生产的农民的本质区别。农民工另一种职业身份是，其户籍身份未变，没有城镇职工身份，在农村依然拥有土地，其家庭及社会关系仍然在农村。这可以根据社会学理论予以解释，根据人们获得社会身份方式的不同，身份一般分为两类：“其一是先赋性身份，指基于遗传、血缘等先天或生理因素而获得，比如户籍身份，是通过户籍制度获得，且不能轻易发生改变的社会身份；其二是自致性身份，指基于个人后天的活动和努力而获得，比如职业身份（最重要的自致性身份），是通过职业性质而确定，且伴随着职业的改变而改变”③。在传统计划经济体制下，人们户籍身份的改变和职业身份的改变是紧密联系在一起的。而改革开放以来，随着计划经济体制向市场经济体制的转轨，中国社会分层的结构开始发生变化，城乡之间的严格界限被打破，人们的职业身份和户籍身份出现了分离，农民工就是这一变化的显著代表。其先赋性身份依然为农民，自致性身份则是城市产业工人，且这两种身份长期并存，未能发生改变。

二是农民工具有双重社会地位。衡量社会地位的依据一般是经济收入、

---

① 沈立人：《中国农民工》，民主与建设出版社，2005年版，第57页。

② 贺汉魂、皮修平：《农民工概念的辩证思考》，《求实》2006年第5期。

③ 刘祖云：《农民工：转型中的中国社会的特殊阶层》，载 http：//www. studa. net/shehuiqita/070529/16304923 -2. html，2007年8月26日。

政治权力和职业声望。在农村中，农民工的这种“非农非工、非城非乡”的身份，也就决定了农民工在农村中是具有优势地位的群体。相对于留在农村务农人群，农民工一般身体较为健康、知识水平较高、见识较广，而且其在经济地位、职业声望、社会阅历和影响力等方面均高于农业生产者。而在农村从事农业生产的劳动者往往把到城市务工看作一种积极向上的社会流动[①]。而在城市中，农民工处于弱势地位，是边缘人群。相对于城市居民而言，他们是具有农民身份的进城务工人员，绝大多数在城市从事着城市居民不愿干或不屑干的苦活、累活、脏活、粗活，劳动条件差、居住条件差、报酬待遇差、生存状态差，不能享受与城市居民同等的就业、医疗、养老等社会福利待遇。农民工还常常受到歧视，难以实现选举权和被选举权，他们的子女不能正常就读各类公立学校，他们不享有经济适用房的购置权等，他们的社会权利常常被漠视，难以进入城市主流社会，长期处在城市的边缘。

三是农民工具有双重社会生活。农民工虽然从农村进入到城市生活、工作，但他们并不在城市定居，尚在农村的家庭与社会关系使得他们与农村仍然保持着比较频繁而又稳定的联系，也使得他们既习惯了传统的农村生活又熟悉了现代的城市生活。他们既从传统的以农业生产为主、以地缘关系和亲缘关系为纽带的农业社会的生活方式脱离出来，又接受了现代的以工业和服务业为主、以业缘关系为纽带的工业社会的生活方式，他们是传统的农村文明和现代的城市文明相连接的纽带与桥梁。传统的农村生活方式与现代城市生活方式的频繁切换，也是其双重社会生活的生动体现。

由此来看，农民工作为我国工业化、城镇化快速发展过程中所出现的特殊群体，在融入城市发展与现代文明中面临着诸多问题，这些问题或由历史原因造成，或由现行体制原因造成，或由农民工自身原因造成。但不管怎样，农民工群体的日益庞大急需加强和创新社会管理，而社会管理对于解决农民工问题的实质就在于维护农民工的基本权益、促进农民工的社会融入、提升农民工的社会地位、解决农民工的生存与发展问题。当然，仅从农民工单维度出发来考察是不够的，由于社会发展的阶段性的特征，使得在观察农民工社会管理时，我们从社会的发展以及农民工与社会融合的角度来进行分析也非常重要。

---

① 刘怀廉：《中国农民工问题》，人民出版社，2005 年版，第 174 页。

1.1.2　农民工问题呼吁社会管理创新

农民工的形成是我国制度性安排的结果，长期以来的城乡二元经济体制，使得大量的社会资源都向城市集中，农村劳动生产率长期处于较低水平，并剩余大量劳动力。而城乡劳动生产率的差异导致现代工业部门工作劳动力的收入高于传统农业部门劳动力的收入，这就造成了劳动力从传统农业部门向现代工业部门流动的“势能差”，这是农民工产生的内在动因。随着二元结构制度约束的放松，比如户籍制度的逐步改革、传统城乡社会管理方式的转变、城市劳动就业制度的改革以及农村联产承包责任制的推行等，使得依附在传统农业部门的大量劳动力有能力、有机会解放出来，而城市经济的高速发展对劳动力存在大量需求，城市居民又不愿从事脏、累、苦、差的劳动等因素，进一步促进了大量农村剩余劳动力向城市转移。这个过程也是二元结构向一元结构逐步演化的过程。

众所周知，一个国家由传统的农业社会向现代社会转变，工业化、城市化是其必经阶段。在现代化进程中，工业化与城市化如同一对孪生兄弟，大量的农村劳动力进入工厂成为工人，促进了城市化和工业化的进程。城市化是社会发展的必然结果，是农村人口向城市迁移和集中的一种历史过程，是人口的空间区位和职业身份改变，以及由此引发的生产、生活方式的改变。城市化与工业化的加速发展，是农民工产生的时代大背景。从历史维度来看，可从新中国成立至改革开放以及改革开放以来这两个时期予以阐述。

新中国成立后，为了合理分配资源、维持计划经济秩序，形成了计划经济体制下城乡居民在商品粮油供给、劳动就业、医疗保健、接受教育、转业安置、子女落户等方面的不同待遇，并建立了非常稳固的城乡二元户籍制度。这一政策的出台固然有发展城市、壮大工业、强大国力等考量，但也阻碍了城乡居民间的合理流动，城市化进程基本停滞。资料表明，“1952—1978 年，四川省农村劳动力占工农业劳动力总数的比重一直居高不下，仅从 86.5% 降为 81.8%，28 年时间只下降了 4.7 个百点”①。改革开放之初，产

---

① 郭晓鸣：《农业劳动力流动：现实矛盾与对策选择——四川省的实证分析》，载搜狐网，2004 年 7 月 12 日。

生了“进厂不进城，离土不离乡”的农民工；80 年代中期，“进厂又进城，离土又离乡”的农民工大量出现；到 20 世纪 90 年代，随着改革开放的进一步发展，中国出现了一场有史以来规模最大的人口迁移，大量农村剩余劳动力开始由农村向城市，由不发达地区向发达地区的流动，形成了所谓的“民工潮”。据统计，1978—2000 年，四川省农村劳动力占工农业劳动力总数的比重由 81.8% 降至 59.6%，下降了 22.2 个百分点，农业劳动力占农村劳动力总数的比重下降更为显著，从 95.5% 降到 69.4%①。这些流向城市的农村劳动力，从农村走出去并在城市长期居住下来，离开了农业而转向非农产业，由农民转向工人，却没有转变为城市户籍。

对于当下中国，农民工已经成为城市建设繁荣的生力军，是城市日常生活正常运转不可或缺的一个重要部分。农民工为国家发展作出了巨大的贡献，理应得到与城市居民相同的待遇。但一个突出的现实是，农民工既非传统意义上的城镇居民，也非传统意义上的农村居民，而是处于农民与市民外的第三元社会结构中。所谓三元社会结构，是指在城市与农村之间出现了一个巨大的流动于城乡之间的社会群体，该群体不同于城市居民，又不同于农村居民，三元社会是由计划经济体制向市场经济体制过渡的产物②。随着城市化与工业化的加速发展，城市发展规模、工业发展速度远远超过了农村和农业，在缺乏有效扶持和转移支付的条件下，这就加剧了原本就明显的城乡二元结构所带来的经济差距。消灭这个差距还有很长的路要走，特别是户籍制度这个导致农民工产生的制度因素，还有待进一步大胆破题。尽管部分地方政府已经放开了农民工落户的限制，比如工作居住一定期限即可落户，但限制条件依然较多较严。二元社会结构的解体是一个渐进的过程，它涉及教育、财政、就业、社会保障等多领域的改革，不可能一蹴而就，农民工问题仍将在较长时期内存在。

但我们也应厘清，从经济社会发展大势来看，随着中国社会制度化建设的推进、中国经济体制改革的深化和产业结构的调整，城乡二元分割会逐渐消失，工业化和城市化进程会实现协调发展，农民工作为我国经济社会转型期以及工业化和城市化进程中的特殊产物，也将完成其历史使命并走进历史

---

① 郭晓鸣：《农业劳动力流动：现实矛盾与对策选择——四川省的实证分析》。

② 李强：《农民工与中国社会分层》，社会科学文献出版社，2004 年版，第 388 页。

的角落。从户籍制度改革的视角来看，改革的进一步深化必将导致以户籍制度为基础的一系列制度的深入改变和调整，户籍制度将不再作为限制人口流动的主要社会控制手段，农民工的双重社会身份、双重社会地位、双重社会生活也将自然消失，农民工将会逐渐适应城市的社会生活、接受现代的价值观念，逐步融入城市。由此，农民工只是我国现阶段社会转型时期出现的一个暂时现象。

综上，农民工这一称谓的缘由，是因为他们在现行制度框架下不能与拥有城镇户口的劳动者享有平等的地位并且享受相应权益。其根本原因在于二元结构，特别是户籍制度以及附加在这种制度之上的其他相关政策所具有的非公平性乃至歧视性。“农民工”作为一种特殊的社会群体和阶层，在不断被强化身份的过程中，一方面可获得更多的关注，另一方面也会导致他们特殊身份的固化，形成这种不合理制度的路径依赖。如果这种带有计划因素的人为分割格局不加以改变，则会对农民工乃至全社会的科学发展造成阻碍，这种状况也亟待通过加强和创新农民工社会管理来破题。

1.1.3 农民工市民化亟待社会管理创新破题

从农业社会向工业社会转变，由农村向城市转变，是社会经济发展的必然趋势，在这个过程中伴随着工业化和城市化的进程，那么农民向市民的转化也是这个进程的必然趋势。农民工的市民化是研究农民工社会管理创新的最核心议题，也是应对农民工问题的根本之策。没有农民工的市民化，也就谈不上真正意义上的城镇化和工业化。

“市民社会（civil society）”这一概念起源于西方。古希腊罗马学者常用“市民社会”来描述城市的生活状况，亚里士多德奠定了古典市民社会理论的基础，古罗马的政治理论家西塞罗进一步确立了“市民社会”的概念，认为“市民社会”就是业已发展的城市文明的政治共同体的生活状态。后来，“市民社会”这一概念被洛克、孟德斯鸠、卢梭加以阐释，延伸为反对专制、反对君权神授的理论武器。19 世纪以来，“市民社会”被用来专指从中世纪封建社会的种种政治性支配下获得解放的近代市民阶层之间的关系，被认为是一个“脱国家脱政治的领域”。黑格尔将市民社会和政治国家区分开来，他首次把“市民社会”看作一个以个人利益为基础的社会制度，而马克思则将“市民社会”理解为一个纯属私人利益的领域，并强调彻底的个人主义原则，马克思的这一阐述对后世影响极大。作者认为“市民社会”的本质是私人利益，私人利益的存在是“市民社会”的基础，“市民社会”是为私人利益的满足和实现服务的。“市民社会”强调等价交换，平等和自由是其存在的前提，所以一个成熟的“市民社会”，应当是建立在市场经济基础之上，高度契约化和自治性、以自愿为前提的公正社会。

归根结底，“市民社会”是市民以契约为纽带的结合。“市民”一词的渊源可以追溯到古希腊和古罗马，后来不同时期对市民都赋予了不同的概念。这里所指的市民即是在现代社会体系中来理解的，即市民是从农民中分离出来从事各种非农产业、居住在城市；而农民则主要是居住在农村从事农业生产的人。从农民工的市民化进程来看，农民工脱离农村之后进入城市务工转变为产业工人，成为我国城镇人口的重要组成部分，他们与城市居民一样遵守着市场经济规则和契约规则，一样利用自己的劳动参与到市民社会中的商品生产和商品交换。事实上，农民工已经是市民化的农民，理应成为市民社会主体，享有市民权利。但制度的限制使农民工不得不保留农民身份，不能享有市民权利。这个逻辑分析指向赋予农民工市民地位，使其社会角色由农民转向市民，是解决这一特殊群体在城市的各种权益问题的有效途径。反之，对农民工市民身份的否定，不仅严重损害了农民工这一群体的基本权利，而且不利于我国工业化、城市化和现代化的发展以及和谐稳定社会的构建。

从世界历史维度来看，任何一个国家要实现工业化、现代化，都伴随着农民的市民化、农村的城镇化。从社会发展维度来看，大量城市市民是由农民直接转变过来的，他们或因破产而进入城市，或因城市扩张成为市民，或因人口流动成为市民。无论世界历史维度还是社会发展维度，对于当下户籍制度改革正在加速的中国，城乡一体化建设正在加快，市场经济发展大势不可逆转，现代化进程的推进为农民市民化提供了条件，农民市民化的进程也终将顺利完成。

总体来看，农民工是我国社会转型时期与工业化和城市化进程中出现的特殊群体，是我国特殊国情背景下农民市民化的过渡现象。解决好农民工问题，就能极大地维护社会公平正义，推动现代化、城市化的历史进程，推动我国社会结构的转型，有利于扩大内需、促进经济发展、构建和谐社会。在这一过程中，加强和创新农民工社会管理就成为当前最能率先做出的战略选择，也是逐步解决农民工问题和完成农民工市民化的务实之策。

1.1.4 加强与创新农民工社会管理的重要意义

农民工是我国社会转型过程中出现的一个特殊现象，是城乡二元体制使得农民工的身份转变落后于职业转变，社会地位转变落后于经济地位转变。虽然其不再从事农业生产而从事非农产业，但他们仍然被排斥在城市化进程之外，不能享受与城市居民同等的就业权、受教育和培训权、社会管理参与权、社会资源享受权、社会保障权等，这不利于社会结构的稳定、不利于缩小城乡差别、不利于市场经济发展、不利于维护社会公平正义，因而迫切要求国家通过一系列的制度规范和措施对该问题予以解决。而加强与创新农民工社会管理具有以下几层意义：

(1) 有利于农民工真正享有法律所赋予的平等权利。农民工是我国产业工人的重要组成部分。他们一直活跃在建筑业、采矿业、制造业、城市环卫等最脏最苦的岗位，为中国的现代化建设，城市化建设作出了不可磨灭的贡献，理应得到城市的尊重和社会的认同。享有法律赋予的基本权利，这本应是最底线、最基本的要求。但是现实生活中，城市中不仅一部分市民对农民工有偏见，而且政府在各项政策落实中也未能较好顾及农民工的权益，经常会出现农民工与城市工人同工不同酬的现象。这些都表明农民工在城市生活中没有享受到宪法和其他法律所赋予的与城市居民平等的权利。创新农民工社会管理，就是要改变过去传统社会管理中，对农民工经济性接纳、社会性排斥的现象①，改变过去在城市公共政策的制定中未考虑农民工的利益和诉求，社会治理仍沿用管制式管理的方式。应真正接纳农民工为工人阶级的新成员，允许其取得同其他劳动者同等的地位，让农民工在城市生活中享受到与城市居民相同的就业、医疗、子女入学、保险等各方面平等的权利。

(2) 有利于推动城乡二元结构向一元转变。二十世纪五十年代，我国颁布了有关户口迁移、劳动用工、粮食供应、社会保障等方面的政策文件，这些制度无疑把农村人口和城市人口严格的分离开来。这使得户籍不同的城乡

---

① 崔传义：《当前农民工社会管理的突出问题与政策建议》，《重庆工学院学报》，2005 年第 10 期。

人口在就业、粮油供应、教育等方面存在很大的差异。其中最为重要的还是户籍管理制度，它严重地制约着人口的流动迁移，阻碍了农村人口进城务工，使中国社会呈现城乡二元分化的结构状态。随着改革开放的推进，农民进城务工的限制已被解除，农民工不仅可以在私企中就业，还可以成为个体工商户，自己经营；有的还能进入某些国企行业，做临时工或者合同工；有一定学历的新生代农民工通过努力考试，还有机会当上公务员。农民工就业的行业分类也越来越多样化，最初集中在建筑、纺织、制造、副食品加工等行业，现在逐渐在电子信息，材料加工，医疗器材，甚至金融行业都有农民工的身影。但长期以来户籍制度没有被打破，二元结构没有得到根本改变等，导致了农民和市民之间的矛盾。这种不和谐造成农民很难融入市民的关系网络，进而很难在城市中积累自身的社会资本，从而无法找到好的工作，这种二元结构的存在从根本上影响着社会阶层间的协调和社会结构的和谐发展。加强和创新社会管理新课题的提出，有助于政府和社会在农民工社会管理方面认清目前的现状以及存在的一系列矛盾和问题，制定有关的方针和政策，推动农民工权利平等，维护农民工基本权益，覆盖公共服务到农民工，使其在居住、医疗、养老等方面都有保障，激发他们参与社会管理与社会各项事务的热情。推进农民工社会管理改革、改善农民进城就业的环境以及逐步消除农民工与城市居民的身份差异与国民待遇差异，有利于我们统筹城乡经济社会发展，破除城乡二元体制，优化社会结构。

（3）有利于加快构建和谐社会。农民工兼具城市的工人和农村的农民二者的职业身份。进城务工是当前农民变为市民的主要途径，这也是解决“三农”问题的重要途径之一，对加速转移农村剩余劳动力和城市化发展起着重要的推动作用。农民进城务工，一方面，工资性收入大大补充了农村收入，过去的收入来源主要靠第一产业，而现在不仅有第一产业、还有第二、三产业；另一方面，进一步带动了城市对农产品的消费需求，提高了农产品价格，间接上增加了农民的收入。农村大量剩余劳动力的专业分工，带来了农村较高的收入增长，从而为增加农业投入，提高传统农业技术，开辟了新的投资来源，进而推动了农业的技术进步，有利于解决“三农”问题。此外，农民进城后，逐渐融入城市生活，在具备一定经济基础后，在城市购房并长期居住下去，逐渐变成城市居民，这也会有力地推进城市化进程。

然而，目前农民工由于其特殊身份以及长期没有受到应有的关注，不管是在就业收入层面，还是在城市化融合方面都面临着诸多困难。这不仅影响农村经济增长，也影响城市化进程，长期下去将会造成城乡进一步分化，更加不平等。因此，能否解决好农民工社会管理，已经成了建设和谐社会的重要一环。要实现农民工与市民、城市的和谐，就必须把农民工纳入到和谐社会的总体布局之中，赋予他们与城市居民同样的社会保障和基本权益。

简言之，农民工问题与社会管理创新研究的理论与实际意义，主要表现在以下几个方面：一是农民工是和谐社会建设的重要力量，研究农民工问题，加强和创新农民工社会管理是构建和谐社会的重要内容。二是农民工问题本质上属于我国二元经济结构下相当长时期内困扰我国经济社会发展的“三农”问题，农民工问题及社会管理创新能为妥善解决“三农”问题提供重要的参考。三是回答了当前国家及地方政府在改革发展稳定大局中非常关心的现实问题，为各级政府的政策制定与决策参考提供较好的研究素材。四是为破解“农民工问题”与“加强和创新社会管理”这两项国家层面的政策议题提供了理论依据，拓展了理论内涵和理论体系。五是扩展了社会学、人口学、公共管理等学科的学术视野，夯实了学科发展的理论基础。

1.2 研究思路与方法

1.2.1 研究思路

本书主要从四个环节来展开，一是从选题的背景、目的与意义入手，围绕文献述评，得出全文的理论框架，并以此来展开后面环节的内容。主要回答“为什么要研究农民工社会管理”。二是对农民工问题及其社会管理的现状进行深入分析，通过调查问卷、走访等形式获取第一手资料，得出农民工问题及农民工社会管理的现状、问题与理论判断，这是全文研究的现实基础。主要回答“创新农民工社会管理在何种程度上展开”。三是紧紧围绕形成“党委领导、政府负责、社会协同、公众参与、法治保障”的社会管理格局这个根本要求来展开具体研究，包括政府职能转变、社会组织、公共参与、工会组织、农民工权益保障与农民工社会管理的专门分析和阐述，并从这几个方面得出当前加强和创新农民工社会管理的若干结论、方向与政策启示，此部分是全文研究的核心与关键。主要回答“农民工社会管理的具体情况及怎样对待”。四是对农民工社会管理政策体系改革创新进行研究，通过对前面部分章节的梳理、分析、研究后，最终得出系统性的政策建议与报告，以期推动农民工问题及社会管理创新问题的有效解决。此部分是全文的落脚点，也是本书的重点之所在。主要回答“农民工社会管理创新怎么办”。以上四个部分相互联系、层层递进，具有较为严密的逻辑关系。见图 1－1。

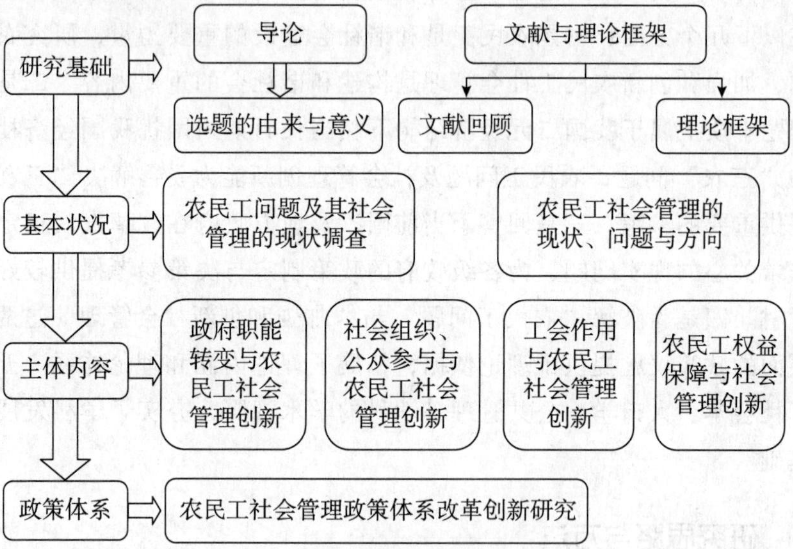

图 1－1　本书的逻辑框架图

1.2.2　研究方法

研究方法的选取对研究质量非常重要。本书在马克思主义方法论的指导下，规范研究与实证研究相结合，定性研究与定量研究相结合，宏观与微观相结合，实地调研与专家讨论相结合，经济学、人口学研究与多学科介入研究相结合，根据研究需要灵活应用。例如，在对农民工问题进行理论界定时，就要把历史分析与逻辑分析结合起来，定性研究与定量研究结合起来；在研究农民工社会管理的体制改革时，就可以与多学科介入研究相结合；在研究农民工社会管理现实状况时，就必须重点采用实证研究方法等。此外，还要把典型案例分析及聚类、对比等研究方法结合起来。

1.3 研究的创新与不足

1.3.1 研究的创新

一是选题较为新颖和实际，并具有一定的前瞻性，兼具理论意义和实践意义。作为党中央、国务院近期提出的一项重大战略任务，社会各界对社会管理予以了高度重视，农民工社会管理作为其中一项关键和核心内容，不容忽视，本选题回应了国家政策层面的研究需要。

二是从“党委领导、政府负责、社会协同、公共参与、法治保障”的社会管理格局出发，分别从政府职能转变与农民工社会管理创新，社会组织、公众参与与农民工社会管理创新、工会组织与农民工社会管理创新、农民工权益保障与社会管理创新的角度对此进行了探讨，理论推导较为严密，逻辑结构较为严谨。

三是提出了农民工社会管理政策体系改革创新研究，把对这一领域的思考推向了更为宏观、更为具体的层面，从而有可能在国内较早建立起农民工社会管理改革创新的某种理论与实践范式。

四是充分运用调查研究的方法对农民工社会管理进行科学研究，并尝试以人口学、社会学、经济学、管理学等多学科角度对农民工社会管理进行多维度的研究。

1.3.2 研究的不足

一是理论分析与阐述不够。社会学、公共管理学、人口学里诸多理论都可能用来与农民工社会管理相结合而进行深入的理论探讨和研究，本书没能进一步地对此进行研究。

二是计量方法使用不足。基于本书的系列调查数据，可采用社会学、经济学的诸多计量方法详细展开进行研究，但受制于方法的适用性，没能进一步进行深入细致的研究，在计量方法的运用上稍显不足。

三是国内外对比研究不足。国外经历过二元经济转型和城市化阶段，他们在农民工社会管理中积累了大量可资借鉴的经验，关于国内外，特别是国外的各类社会管理政策的梳理还需要在以后的学习工作中进行更加深入的研究。

2

相关理论与文献综述

农民工社会管理创新涉及社会保障、社会认同、职业教育、人口流动、政治参与、子女教育、工资支付等诸多问题，因而受到法学、经济学、社会学、人口学等诸多学科的广泛关注，并产生了一系列研究成果。循着解决农民工问题与农民工社会管理创新的思路，本书主要从以下几个方面展开论述。

2.1 相关概念与理论

2.1.1 关于农民工与农民工问题

农民工：是指进入城镇务工但具有农业户口的人员。农民工是我国特有的城乡二元体制产物，是我国在特殊的历史时期出现的一个特殊的社会群体。农民工有广义和狭义之分：广义的农民工包括两部分人，一部分是在本地就业离土不离乡的农村劳动力，一部分是外出进入城镇从事二、三产业的离土又离乡的农村劳动力；狭义的农民工主要是指后一部分人。

农民工问题：是指农民进城从事非农工作，却未改变农民身份，未被城市认同接纳，处在产业边缘、城乡边缘、体制边缘，由此所产生的一系列问题。农民工问题是中国转型期间或者说是中国现阶段社会发展进程中的一种过渡现象①，与中国改革开放与社会发展进步相伴而生，农民工问题已经成为中国现阶段面临的重大社会问题、经济问题与政治问题，观念偏见、政策歧视与利益冲突是当前导致农民工问题日益严重的关键原因。

① 郑功成：《中国农民工问题：理论判断与政策思路》，《中国人民大学学报》，2006 年第 6 期。

2.1.2 关于社会管理理论

社会管理：狭义上的社会管理意为政府职能所在的社会管理。是指国家通过制定一系列社会政策和法律规范，对社会组织和社会事务进行规范和引导，培育和健全社会结构，调整各类社会利益关系，回应社会诉求，化解社会矛盾，维护社会公正、社会秩序和社会稳定，维护和健全社会内外部环境，促进政治、经济、社会、文化和自然协调发展的一系列活动以及这些活动的过程。广义上的社会管理是指多元主体以多样化形式进行的上述活动以及这些活动的过程。

社会管理创新：是指在现有社会管理条件下，运用现有的资源和经验，依据政治、经济和社会的发展态势，尤其是依据社会自身运行规律乃至社会管理的相关理念和规范，研究并运用新的社会管理理念、知识、技术、方法和机制等，对传统管理模式及相应的管理方式和方法进行改造、改进和改革，构建新的社会管理机制和制度，以实现社会管理新目标的活动或者这些活动的过程。

胡锦涛同志在2011年2月19日的省部级主要领导干部社会管理及其创新专题研讨班开班式的讲话时强调①，加强和创新社会管理，要高举中国特色社会主义伟大旗帜，以邓小平理论和“三个代表”重要思想为指导，深入贯彻落实科学发展观，紧紧围绕全面建设小康社会的总目标，牢牢把握最大限度激发社会活力、最大限度增加和谐因素、最大限度减少不和谐因素的总要求，以解决影响社会和谐稳定突出问题为突破口，提高社会管理科学化水平，完善党委领导、政府负责、社会协同、公众参与的社会管理格局，加强社会管理法律、体制、能力建设，维护人民群众权益，促进社会公平正义，保持社会良好秩序，建设中国特色社会主义社会管理体系，确保社会既充满活力又和谐稳定。他指出当前的社会管理创新工作重点有几个方面：一是进一步加强和完善社会管理格局，切实加强党的领导，强化政府社会管理职能，强化各类企事业单位社会管理和服务职责，引导各类社会组织加强自身建设、增强服务社会能力，支持人民团体参与社会管理和公共服务，发挥群众参与社会管理的基础作用。二是进一步加强和完善党和政府主导的维护群

---

① 胡锦涛：《扎扎实实提高社会管理科学化水平》，新华网，2011年02月19日。

众权益机制，形成科学有效的利益协调机制、诉求表达机制、矛盾调处机制、权益保障机制，统筹协调各方面利益关系，加强社会矛盾源头治理，妥善处理人民内部矛盾，坚决纠正损害群众利益的不正之风，切实维护群众合法权益。三是进一步加强和完善流动人口和特殊人群管理和服务，建立覆盖全国人口的国家人口基础信息库，建立健全实有人口动态管理机制，完善特殊人群管理和服务政策。四是进一步加强和完善基层社会管理和服务体系，把人力、财力、物力更多投到基层，努力夯实基层组织、壮大基层力量、整合基层资源、强化基础工作，强化城乡社区自治和服务功能，健全新型社区管理和服务体制。五是进一步加强和完善公共安全体系，健全食品药品安全监管机制，建立健全安全生产监管体制，完善社会治安防控体系，完善应急管理体制。六是进一步加强和完善非公有制经济组织、社会组织管理，明确非公有制经济组织管理和服务员工的社会责任，推动社会组织健康有序发展。七是进一步加强和完善信息网络管理，提高对虚拟社会的管理水平，健全网上舆论引导机制。八是进一步加强和完善思想道德建设，持之以恒加强社会主义精神文明建设，加强社会主义核心价值体系建设，增强全社会的法制意识，深入开展精神文明创建活动，增强社会诚信。中央对社会管理创新的阐述意味着政策方向、努力目标，基本包含了可实施、可操作的政策内容。社会管理创新成为中央层面的政策议题，这表明中央把社会管理的重要性更加突出出来，也为农民工社会管理创新提供了政策窗口和政策指南。党的十八大在这个基础上，又进一步提出了加快形成“党委领导、政府负责、社会协同、公众参与、法治保障”的社会管理体制，这个新要求是对原来体制进一步的发展和推进，是把法治精神、法制办法纳入到社会管理中，是更加系统、更加深刻、更加科学的要求和方向。

农民工社会管理：主要是指以保障农民工基本权益，促进农民工顺利融入城市为目的的社会管理活动。农民工社会管理主要指两个层次的内容，一是农民工社会管理的主要内容，即包含平等就业、公共服务、权益保障、融入城市等在内的主体内容；二是农民工社会管理的机制体制，包括利益分配机制、利益协调体制、社会保障体制、流动人口管理体制、基层社会管理体制、社会工作体制、社会应急管理体制①等在内的内容。具体来讲，稳定和

① 何增科：《深化十大社会管理改革的具体构想》，《中国政府创新网》，2011 年 08 月 04 日。

扩大农民工就业，提高农民工收入水平，是推动农民工融入城市的根本保证，要积极落实关于农民工就业的各项扶持政策，建立和完善农民工就业政策体系；加强农民工劳动权益保护，改善农民工就业与生活环境，是推动农民工融入城市生活的基本要求，要以保护农民工劳动权益为突破口，切实维护农民工的合法权益；建立和完善农民工基本公共服务体系，是推动农民工融入城市的重要保障，要突出政府在农民工公共服务供给中的主体地位，完善服务机制；促进农民工融入城市的机制体制完善，增强城市包容性，是推动农民工融入城市的必要条件，要以城市社区为主要载体，营造良好的社会氛围、和谐的邻里关系，提高城市对农民工的接纳度。并且要围绕农民工社会管理的主体内容，加大机制体制创新力度，促进社会管理创新目标的实现。

2.1.3 关于发展经济学理论

二元经济结构：是指发展中国家传统农业部门与现代经济部门并存，且“城”和“乡”差距明显的二元状态。这种状态既是发展中国家经济结构中存在的突出矛盾，也是这些国家相对贫困和落后的重要原因。发展中国家的现代化进程，最根本的是要实现城乡二元经济结构向现代经济结构的转换。我国城乡二元经济结构主要表现为：城市以现代生产、现代服务、现代生活为主，而农村则以小农经济、传统生活为主；城市的道路、通信、卫生和教育等基础设施及社会发育较好，而农村的基础设施落后并保留了传统社会形态；城市的消费水平较高、消费能力较强，农村相对较弱，等等。

刘易斯模型：1954 年刘易斯在《曼彻斯特学报》上发表了《劳动力无限供给下的经济发展》一文，最早提出了关于发展中国家二元结构的理论模型①。刘易斯的二元经济模型由一个劳动生产率低、劳动收入较少的传统农业部门和一个进行现代生产、劳动生产率高、工资水平较高的现代经济部门组成。该模型认为在传统农业部门中存在着大量的“过剩劳动力”，这部分劳动力的边际生产率为零或负数，处于“伪失业”状态；而现代经济部门的劳动生产率远高于传统部门，其工资水平也高于农村劳动收入。在没有制度

---

① Lewis, W., Economic development with unlimited supplies of labour, Manchester School of Economic and Social Studies, 1954, 22 (2): 139 - 191.

阻碍的条件下，农业剩余劳动力必然从劳动生产率较低的传统农业部门流向生产率较高的现代经济部门，现代经济部门能够在一定的工资水平上获取所需要的全部劳动力。由于传统部门存在无限供给和收入水平低下的劳动力，现代部门可采取相对不变的低工资水平吸收大量的廉价劳动力，以实现现代部门的扩张。但随着劳动力需求增长速度超过共济增长速度，工资开始提高，劳动从无限供给向有限剩余转变，一般将其称为“刘易斯拐点”。但此时两部门劳动生产率依然不相等，这一过程将一直延续到农业剩余劳动力被吸收殆尽、城乡两部门劳动生产率基本相等为止，从而实现二元经济结构向一元结构的转变，这个拐点称为刘易斯第二转折点。刘易斯模型为研究二元经济提供理论基础，也是贯穿本书的核心理论。

费景汉—拉尼斯模型：费景汉和拉尼斯于 1961 年在《American Economic Review》上发表论文《Theory of Economic Development》，其中他们在刘易斯模型的基础上提出了费景汉—拉尼斯模型。该模型有如下假设：（1）封闭型经济；（2）传统部门的工资水平固定且劳动边际产出很低甚至为零；（3）工业部门劳动力供给曲线完全弹性；（4）劳动力转移的成本很小或接近于零。费景汉—拉尼斯模型认为二元经济的发展通过前后相继的三个阶段而进入“成熟”的经济模式。其中第一阶段是过剩劳动力边际劳动生产力为零或接近于零，劳动供给弹性无限大，这一阶段类似刘易斯模型，存在隐性失业；第二阶段依然存在隐性失业，但边际劳动生产力为正数值但仍低于制度工资；第三阶段是农业中隐蔽性失业消失，边际劳动生产力高于制度工资。费景汉—拉尼斯模型认为农业剩余可以满足非农业部门的消费，有助于劳动力向工业部门移动，因此农业为工业部门的扩大提供必不可少的农产品，工业和农业两个部门平衡增长对避免经济增长趋于停滞是很重要的。

乔根森模型：1961 年美国经济学家乔根森在《Economic Journal》上发表的论文《The Development of a Dual Economy》中提出了一个不同于刘易斯二元经济发展模型的乔根森模型。该模型试图在一个纯粹新古典主义框架内，探讨工业部门的增长是如何依赖农业部门发展的。乔根森模型有如下假设：（1）经济系统分为现代部门和落后部门；（2）落后部门的发展取决于劳动和土地，土地供给固定且边际报酬递减，不存在资本积累；（3）现代部门的发展取决于资本和劳动，生产函数规模报酬不变，工资和利润绝对额均呈上升趋势，但相对比重不变；（4）两个部门的产出随时间而自动增长，这是技术进步的结果。该模型认为两部门的发展是非对称的。当人均粮食超过人均最大消费时，就会出现粮食剩余，劳动力就可以离开土地，进入工业部门就业。劳动力在两部门之间的分工决定于农业剩余，当出现农业剩余，劳动力在工业部门就业的增长率等于农业剩余在农业总产出中的增长率。乔根森模型是建立在农业剩余基础上的，这与刘易斯模拟模型和费景汉—拉尼斯模型完全不同。该模型将二元经济的研究从剩余劳动转向了农业剩余。乔根森否定了农业存在劳动边际生产力为零的现象，指出人口增长是内生决定的，任何农业劳动都对农业总产出做出贡献。当且仅当农业剩余大于零并且持续增加，劳动力从农业部门向工业部门的转移和工业部门的发展才是可能的。

发展经济学理论，特别是二元经济结构理论为我们研究农民工社会管理提供了极好的理论视角和理论支撑，本书也专章讨论了"刘易斯拐点"背景下的农民工社会管理创新问题。

2.1.4 关于社会网络与社会支持理论

社会网络理论：社会网络理论发端于 20 世纪 30 年代，成熟于 20 世纪 70 年代，是一种新的社会学研究范式。从 30 年代到 60 年代，"社会结构"的概念从心理学、社会计量学、社会学、人类学、数学、统计学、概率论等不同的领域不断深化，形成了一套系统的理论、方法和技术，成为一种重要的社会结构研究范式。社会网络理论到 20 世纪 90 年代才开始被广泛应用于企业研究领域。

社会网络的概念最早是在英国著名人类学家 R. 布朗对结构的关注中提出来的。布朗所探讨的网络概念聚焦于文化是如何规定有界群体（如部落、乡村等）内部成员的行为，他的研究比较简单，实际的人际交往行为要复杂得多。较成熟的社会网络的定义是 Wellman 于 1988 年提出的"社会网络是由某些个体间的社会关系构成的相对稳定的系统"，即把"网络"视为是联结行动者（actor）的一系列社会联系（social ties）或社会关系（social relations），它们相对稳定的模式构成社会结构（social structure）随着应用范围的不断拓展，社会网络的概念已超越了人际关系的范畴，网络的行动者既可以是个人，也可以是集合单位，如家庭、部门、组织。社会网络与企业知识、信息等资源的获取紧密相关。网络成员有差别的占有各种稀缺性资源，关系的数量、方向、密度、力量和行动者在网络中的位置等因素，影响资源流动的方式和效率。根据分析的着眼点不同，社会网络理论有两大分析要素：关系要素和结构要素。关系要素关注行动者之间的社会性黏着关系，通过社会联结的密度、强度、对称性、规模等来说明特定的行为和过程。结构要素则关注网络参与者在网络中所处的位置，讨论两个或两个以上的行动者和第三方之间的关系所折射出来的社会结构，以及这种结构的形成和演进模式。这两类要素都对知识和信息的流动有着重要的影响。具体来说，强弱联结、社会资本、结构空洞是社会网络理论三大核心理论。

社会资本理论：社会资本（Social Capital）是资本的一种形式，是指为实现工具性或情感性的目的，透过社会网络来动员的资源或能力的总和。社会资本在社会学、经济学、组织行为学、管理学、政治学等学科中，都是一个很重要的概念。通过研究人际间的关系结构、位置、强度等，可以对社会现象提供更好的解释。不同学者从各自研究领域和研究对象出发，对社会资本给出了不同定义，有代表性的定义主要有下述四种：其一是社会结构要素说。认为，社会资本是根据它们的功能来定义的。它不是某种单独的实体，而是具有各种形式的不同实体。其共同特征有两个：它们由构成社会结构的各个要素所组成，它们为结构内部的个人行动提供便利。和其他形式的资本一样，社会资本是生产性的，是否拥有社会资本，决定了人们是否能实现某些既定目标。其二是组织特征说。认为，社会资本指的是社会组织的特征，如信任、规范，它们能够通过推动协调的行动来提高社会的效率。其三是能力说。认为，社会资本是处在网络或更广泛的社会结构中的个人动员稀有资源的能力。其四是关系（网络）资源说。认为，社会资本是实际的或潜在的资源的集合体，那些资源是同对某种持久的网络占有密不可分的。

社会支持理论：是指一定社会网络运用一定的物质和精神手段对社会弱势群体进行无偿帮助的行为的总和，整体来说有四大方面的看法：（1）亲密关系观。人与人之间的亲密关系是社会支持的实质。这一观点是从社会互动关系上理解社会支持，认为社会支持是人与人之间的亲密关系。同时，社会支持不仅仅是一种单向的关怀或帮助，它在多数情况下是一种社会交换，是人与人之间的一种社会互动关系。（2）“帮助的复合结构”观。这一观点认为社会支持是一种帮助的复合结构，帮助行为能够产生社会支持。（3）社会资源观。社会支持是一种资源，是个人处理紧张事件问题的潜在资源，是通过社会关系、个体与他人或群体间所互换的社会资源。（4）社会支持系统观。社会支持需要深入考察，是一个系统的心理活动，它涉及行为、认知、情绪、精神等方方面面。

社会组织：广义的社会组织是指人们从事共同活动的所有群体形式，包括氏族、家庭、秘密团体、政府、军队和学校等。狭义的社会组织是为了实现特定的目标而有意识地组合起来的社会群体，如企业、政府、学校、医院、社会团体等。它只是指人类的组织形式中的一部分，是人们为了特定目的而组建的稳定的合作形式。社会组织的主要特征为：（1）特定的组织目标。组织目标一般是明确的、具体的，表明某一组织的性质与功能，人们围绕某一特定的目标才形成从事共同活动的社会组织。组织目标是组织活动的灵魂。它可以是单一的，也可以是具有内在联系的目标体系。（2）一定数量的固定成员。社会组织是由至少两个人或两个以上的人组成的系统。组织成员是相对固定的，成员明确地意识到自己属于某一组织；社会组织如无固定的成员就失去了自身存在的实体基础。进入或退出一个组织必须按照一定的程序进行，特别是组织成员资格的取得一般都要经过组织的考核与审查。（3）制度化的组织结构。为了实现特定的目标并提高活动效益，一般都具有根据功能和分工而制度化的职位分层与部门分工结构。只有通过不同职位的权力结构体系，协调各个职能部门或个人的活动，才能顺利开展组织活动并达到组织目标。（4）普遍化的行动规范。它一般是以章程的形式出现，并作为组织成员进行活动的依据。组织的行动规范是每个成员必须遵守的，它通过辅助的奖惩制度制约组织成员的活动，以维护组织活动的统一性。（5）社会组织是一个开放的系统，就每一个社会组织来说，它不仅自身要与周围环境进行物质、人员、信息的交换，而且还根据与其他组织的关系，组成不同的组织体系，在更大的范围内和更高的水平上与外界环境进行各种形式的交换。一个组织如果绝对地自我封闭，组织的生命也就停止了。社会生活中实际存在的工厂、机关、医院、学校、商店等都是社会组织的具体形式。社会网络和社会支持理论，为我们理解农民工社会管理提供了很好的理论基础和观察视角，有助于我们进一步深入探讨农民工社会管理的本质和理论问题。

2.2 文献综述

关于农民工社会管理的相关文献较多，如社会保障、社会制度、社会网络、社会认同、权益保障、社会管理创新等方面的文献，为了清晰地将当前的研究成果进行梳理，本文也从这几个领域展开述评。

2.2.1 关于农民工社会保障研究

最初经济学界、社会学界对农民工问题的研究，一般是从人口迁移问题入手，以劳动力合理流动与聚集为核心，提出了一系列促进劳动力合理流动的对策与措施，例如户籍制度改革、取消劳动力市场歧视等，其中建设农民工社会保障制度被普遍认为是取消劳动力市场歧视的重要措施之一。有部分学者认为，为农民工提供社会保障会导致中国企业竞争力的减弱，并且农民工拥有土地作为保障，因此没有为农民工提供社会保障①。但主流观点认为，建设农民工社会保障制度是国家不可推卸的责任，政府有必要为农民工提供社会保障。从现实进展来看，中央政府已经连续多年在中央一号文件中提及建立健全农民工社会保障问题，表明政府对农民工社会保障问题的认识有了重大转变。伴随着部分地方政府开始推出农民工参加社会保险的政策，学界更多在实证调查基础上探讨如何建立制度的研究，有的学者认为应分类、分层保障农民工权益②，还有的学者提出应该将农民工纳入农村的社会保障制度中③。

现有制度并未排斥农民工参加社会保险，无论是《劳动法》，还是现行的各项城镇基本社会保险规章制度，都规定农民工和其他类型的职工一样，有权利参加基本养老、医疗、失业、工伤和生育等社会保险项目。目前不少地方已经有了关于农民工社会保障制度方面的实践探索，例如在现有规章制度的基础上扩展而成的广东、浙江模式，依照农民工的特殊性专门建立社会保障制度的上海、成都模式，还有江苏省部分地区和山西省的农村社会保险的模式等。但实践发现，上述各种模式中农民工的参保热情并不高，参保人数也都不多，对此现象，有观点认为原因主要在于政府重视不够、企业积极性不高、农民工收入低、负担不起保费和对国家社保制度不信任、现行社保

---

① 陈平：《建立中国统一的社会保障体系是自损国际竞争力的短视政策》，《中国改革》，2002年第4期。

② 郑功成：《农民工的权益与社会保障》，《中国党政干部论坛》，2002年第8期。

③ 杨立雄：《建立农民工社会保障制度的可行性研究》，《社会》，2003年第9期。

制度下保险关系不好转移等[①]。也有观点认为原因在于农民工社会保障制度设置的门槛偏高，并且存在转移较难的问题，损害了农民工的保障权益，影响了农民工参加社会保险的积极性[②]。还有观点认为由于农民工的社会边缘地位导致了为农民工提供的参与社会保障政策制定的途径非常少，政策出台缓慢，内容质量不高，最严重的是出台了的政策得不到有效执行[③]。针对这种状况，有学者提出了促进农民工参加社会保障的对策建议，包括改进和完善农民工社会保险政策，建立健全农民工社会救助制度等[④]。也有学者以是否充分考虑农民工的特殊性为标准，对各地的农民工社会保障政策进行了评析和测算，以养老保险为例，北京、上海模式较好地考虑了农民工的特点，深圳模式次之[⑤]。

2.2.2 关于农民工制度层面的研究

当前，规范我国城市——农村、市民——农民之间关系的制度，仍然是以二十世纪五十年代构建的一系列政策和法令为主要内容，这套制度是建立在户籍制度基础上，内容包括城市就业制度、社会保障制度、教育制度、医疗制度，等等。其特征是把城市人口和农村人口截然分开，这就意味着二元分割的城乡结构被以正式的制度确立下来。这种二元分割的制度，形成了农民工融入城市社会的障碍性因素。改革开放以来，国家曾在制度政策上进行了一些必要的调整，但绝大多数农民的社会保障问题并没有发生改变，他们依然没有现金形式的社会保障，而是一直以土地作为一种廉价的、稳定的“保险工具”而承担着社会保障职能，并以此为农民提供基本的就业机会，并保障农民家庭的基本生存。但是，由于农产品价格低廉造成的农民收入普

---

① 吕学静：《城市农民工社会保障问题的现状与思考——以北京市部分城区农民工的调查为例》，《学习论坛》；2005 年第 12 期；杨翠迎、郭金丰：《农民工养老保险制度运作的困境及其理论诠释》，《浙江大学学报（人文社会科学版）》，2006 年第 3 期。

② 华迎放：《农民工社会保障：思考与政策选择——来自江苏、吉林、辽宁的调查》，《中国劳动》，2004 年第 10 期；劳动部第五课题组：《关于农民工社会保障问题研究报告》，《社会保险研究》，2005 年第 8 期。

③ 彭宅文：《中国农民工社会保障发展缓慢的原因分析》，《云南社会科学》，2006 年第 1 期。

④ 华迎放、何平：《促进农民工参加社会保障问题研究》，北京首届社会保障论坛论文，2006 年印行。

⑤ 申曙光、展凯：《农民工养老保险政策的可持续性及保障能力测算与分析》，北京首届社会保障论坛论文，2006 年印行。

遍、持续偏低，以及城市化过程中广大的失地农民补偿金不高等问题，造成了土地的社会保障功能日益弱化、甚至完全丧失。有些进城农民工并没有承包土地，这些人就不拥有土地提供的社会保障，但在城市也不能享有城市社会保障，如此一来，这些人就处于城乡保障体系边缘化的境地①。从这个意义上讲，我国的户籍制度除了单纯的人口登记和统计功能之外，还带有一种制度性的排斥性，因此说户籍制度是一种“社会屏蔽”（social closure）制度，它将社会上一部分人屏蔽在分享城市社会资源的权限之外②。这种制度的直接后果是造成了进城农民工身份与职业、角色的背离，进城务工仅仅使农民实现了从农民到工人角色的转变，但未完成身份的转变，其身份依然是农民。

户籍对农民工在城市的生活有深远的影响，户籍制度中所内含的不公平因素不仅增加了农民工在城市的生产和发展成本，同时也增加了他们融入城市社会的难度。首先，户籍制度下的劳动就业、医疗、教育等方面的政策，在不同程度上限制着农民工在城市的权利，他们无法公平地享受城市的公共资源和福利，从而加大了他们融入城市的成本。其次，户籍制度所设置的城乡权利差异培养了城市人的优越感，由这种优越感产生的对农民工的排斥，会破坏农民工融入城市的信心。第三，户籍制度对城乡社会流动也做出了不同的安排，带有典型的根据社会身份来安排资源再分配及社会流动机会的特征，在这套制度之下，进城的农民工很难获得社会地位向上流动的渠道，进城务工人员在一定程度是从农村进入到了城市社会的边缘，这种转变没有改变农民工社会流动的处境③。户籍制度以及以之为基础的相关制度，容易把农民工融入城市的进程中断，而将他们重新推向农村。这也导致了相当多数农民没有长期在城市生活的信心，只把居留城市作为一种权宜之计，而最终被迫无奈地选择“回流”。有学者针对上海农民工调查发现，对大多数农民工而言，对迁入和长期居住城市持否定态度，这是一种“自知之明”的理性

---

① 安妮、关信平、姜妙屹等：《项目区贫弱群体社会经济状况及医疗需求分析》，《中国卫生经济》，2003 年第 5 期；林拓：《城市社会空间形态的转变与农民市民化》，《华东师范大学学报》，2004 第 3 期；胡健：《四川省农民技术教育的分析与思考》，《农业技术经济》，2005 年第 5 期；文军：《论我国城市劳动力新移民的系统构成及其行为选择》，《社会学研究》，2005 年第 1 期。

② 李强：《当前我国城市化和流动人口的几个理论问题》，《江苏行政学院学报》，2002 年第 5 期。

③ 王春光：《农民工的社会流动和社会地位的变化》，《江苏行政学院学报》，2003 年第 4 期。

决策，而并不是他们本意的表达。并且指出，制度的限制以及就业中的不平等、就业的不稳定，迫使他们成为城市的过客。这种过客的心态也给他们带来了深远的影响，形成了特殊的就业、消费和生活方式。最为明显的就是，由于无法在城市中取得正式的身份，农民工不得不将“留守”在农村的家庭视为自己永久的家庭，这就成了一种“中断的城市化”，与欧美国家的城市化过程不同，欧美国家一般是流动人口进入城市后定居并融入这个城市最终完成城市化的过程，这是完整的城市化。我国当前农民工的城市化过程与欧美形成了不同的过程。①。有学者认为，这个问题涉及国家与社会的关系，人口流动并不是在社会体系之间的流动，不是从当前的社会体系流入到另一套较为先进的社会体系，而是在迁移流动中改变社会体系，从而形成新的社会体系，即所谓的“非国家空间”②。

制度性排斥长期存在，一方面是因为既得利益集团固守现有利益的格局，另一方面也是因为农民工群体缺乏参与制定规则的权利，而且后者更为关键。权利平等和社会公正的根本途径在于，需要引入外来人口共同参与制定规则，从而促使现有的规则趋于合理、公平。为表达自己的意见和心声，农民工强烈需求自我组织，因为只有组织起来才能更有力地保护自己的利益。但是，正如有学者所指出的，当前农民工缺乏充当利益表达的工具，他们既没有任何可依托的现代意义上的自治社团，在体制内的利益表达渠道中如人大、政协也没有代表他们利益的合法民意代表，也缺失联系政府决策部门的有效的制度化通道，堵塞了农民工与城市体系融合和实现自我发展的路径③。

有学者梳理了我国农民工非政府组织的发展过程，总结了农民工非政府组织的特点、模式、经验与问题，并对这类组织的发展提出了政策性建议。当前我国农民工非政府组织出现了可喜的进步，主要表现在：更多的资助者加大了对农民工非政府组织的支持力度与资助范围，在形式上从资助纯研究项目转变到直接资助组织；越来越多的组织和人员加入到关注和帮助农民工

---

① 李强：《当前我国城市化和流动人口的几个理论问题》，《江苏行政学院学报》，2002年第5期。

② 项飚：《流动、传统网络市场化与“非国家空间”》，载张静主编：《国家与社会》，浙江人民出版社，1998年版。

③ 王春光：《农民工的社会流动和社会地位的变化》，《江苏行政学院学报》，2003年第4期。

的群体，包括大学生社团、志愿者、媒体与基金会等。从中央到地方政府的对农民工政策的转变，促使一些地方政府，尤其是在农民工输入地，开始公开承认甚至帮助建成了农民工服务组织。也有学者在珠三角和长三角地区调查研究发现，在这些地区，关于流动人口的制度和政策，强调的不是城市户口或农村户口，而是当地人身份还是外地人身份。在这种制度下，农民工的边缘地位是和当地人利益联系在一起的。在这种特殊的三方结构中，农民工在面对强大的资本力量时几乎没有对话能力，一旦发生冲突，地方政府往往从自身利益出发而偏袒资方，从而损害外来务工人员的利益。

2.2.3 关于农民工社会网络的研究

有学者认为，农民工群体是以初级群体为基础的，他们的社会网络具有“强关系”的特点。并指出，构成农民工之间的强关系纽带的基础是该群体成员间的同质性特征；构造纽带关系强度的重要前提条件是信任，尤其是农民工之间的非制度化信任①。也有学者认为，流动人口的社会网络是围绕着血缘、地缘和业缘等同质关系而构成的，因为我国的乡土社会历来重视血缘和地缘关系，血缘和地缘影响着人们的生活方式和社会交往方式，可以说已经成为一种“习性”。当然，这种“习性”在生活地点从农村到城市的变动、职业由农民到工人的变动过程中发生了一定的改变，但这种同质关系社会网络还是影响着农民工对生产世界的建构过程②。

大量的调查显示，在农民工生活和交往中，乡土社会网络发挥着极为重要的作用。农民进入城市带来工作和生活方式的变化，并没有从根本上改变他们对血缘、地缘关系为纽带的社会网络的认可，农民工社会关系网路的核心仍然是以血缘和地缘关系为主体的初关系。依赖血缘和地缘关系，相对于其他可以利用的社会资源，可以降低流动人口在社会位置变动中交易费用、节约成本，对于流动人口来讲这是一种非常理性的行为选择③。

应该说，能够为农民工提供经济上和精神上的支持，有利于他们尽快适

---

① 李汉林：《关系强度与虚拟社区——农民工研究的一种视角》，载李培林主编：《农民工：中国进城农民工的经济社会分析》，社会科学文献出版社 2002 年版。

② 渠敬东：《生活世界中的关系强度——农村外来人口的生活轨迹》，载柯兰君、李汉林主编：《都市里的村民——中国大城市的流动人口》，中央编译出版社 2001 年版。

③ 李培林：《流动民工的社会网络和社会地位》，《社会学研究》，1996 年第 4 期。

应环境，并在一定程度上防止其沦为城市化失败者。但是，从另一个方面来看，以初级群体为基础的社会网络也分化了他们生存的亚社会生态环境。如此一来他们身上的传统观念和小农意识反而得到了存续，这反而会阻碍其对城市生活的认同与归属①。农民工要融入城市并取得发展，除了现有的初级群体社会网络之外，还必须开发拓展新的社会关系。换句话说农民工应该主动与城市结成网络，这种新结的网络属于异质成分较多的弱关系网络，主要是农民工与城市居民进行经常性互动，这种关系体系不仅能为农民工提供必要的社会支持，也能够让农民工获得新的信息、机会和资源。有学者认为，相对于农民工进城前的初级群体为基础的社会关系网，新型社会资本的弱关系网在农民工社会地位提高和城市融入中作用更大②。但也有学者认为，市场失灵、组织低效、原有的在农村存在的初级关系网络无法提供他们预期的资源，这三个方面的因素迫使农民工积极在城市中构建弱关系网以便获取资源和支持，因而这些因素是农民工构建城市弱关系网的动力。通过实证分析和个案访谈，学者发现，有无再建构社会网、再建社会网的规模，都对流动人口在城市的收益有明显影响③。首先，再建社会网的农民工收益大于无再建构社会网的农民工；并且，农民工再建社会网的规模越大，所得的收益（物质资源）也就越多。当然，需要认识到的是，以户籍制度为代表的社会制度、以及城市居民的冷漠，加上劳动力就业市场的分割、居住格局的分布，造成了农民工重新建构社会网络存在着非常大的困难，因此农民工关系网以初级群体为主的格局难以发生根本改变。

概括来讲，农民工社会网络的主要特点是规模小、紧密度高、趋同性强、异质性低。有研究表明，农民工与城市居民的“社会距离”一直在逐渐增大。因此，构建农民工社会网络的形成和扩展机制，改善农民工社会资本匮乏的状况，是促使农民工更好、更快地融入城市社会生活的重要途径。

2.2.4 关于农民工社会认同的研究

“农民工”这一特殊身份的成立和普及，不仅只是农民工所受的与户籍

---

① 朱力：《论农民工阶层的城市适应》，《江海学刊》，2002 年第 6 期。

② 赵延东等：《城乡流动人口的经济地位获得及决定因素》，《中国人口科学》，2002 年第 4 期。

③ 曹子玮：《农民工的再建构社会网与网内资源流向》，《社会学研究》，2003 年第 3 期。

身份相关的制度限制的客观反映，也是一般社会对农民工作为城市中“非市民”身份的确认。在“农民工”概念指引下，脱离了农村而试图在城市拓展生存和生活空间的人口迁移者被定义为一个特殊的社会类别。这个特殊类别的建构，给城市居民提供了一个确认外来者身份的基本立场，也为城市的相关制度提供了某种正当性源泉，同时还给人口迁移者本身提供了一个特殊的身份——不同于农民与城市居民的第三种身份。这种概念的建构反过来又迫使这些离开了农村、也脱离了农民职业身份、却无法获得新的户籍身份和职业身份的人们被动地去接受某种同一性。总之，“农民工”的身份认同，会给进城务工者们强化一种认同，即让他们说服自己去接受在城市中的不公地位和待遇①。

在国内，最初对农民工身份认同的关注与探讨散见于诸多调查之中。实证数据表明，农民工将自己定位为城市居民的只占极少数，大多数的农民工认同农民或农村居民身份。但是这些调查并未明确区分农民、农村人、市民、城里人等概念，造成了概念之间的模糊与混同使用，且重于描述而疏于分析，没有形成关于农民工身份认同的深入研究。

此外，多数关于农民工身份认同的研究是立足于宏观层面和制度背景。有学者指出，城乡二元结构导致了农民工的身份认同困境，一方面城乡二元结构的削弱为农民工实现从农民到工人的角色转换提供了便利条件；另一方面城乡二元结构依然存在又阻碍政府和城市居民对其身份的制度认同。于是，就出现了角色转换与身份转换的背离，从而使得他们陷入身份认同的困境。这种困境是诱使农民工依托传统关系网络的重要因素，从而形成“新二元结构”和自我隔离，难以融入城市②。另外，有学者认为，我国自二十世纪九十年代以来形成的大规模的劳动力移民浪潮，有相当一部分已经成为城市的“新移民”群体，这些新移民在一定意义上构成了一个“移民系统”。他们在宏观上受制于制度政策、在中观上受制于社会网络、在微观上受制于人力资本的影响③。而有学者通过个案访谈的研究方法，将农民工区分为

① 陈映芳：《“农民工”：制度安排与身份认同》，《社会学研究》，2005 年第 3 期。

② 江立华：《城市性与农民工的城市适应》，《社会科学研究》，2003 年第 5 期；项飚：《跨越边界的社区——北京“浙江村”的生活史》，三联书店，2000 年版。

③ 文军：《论我国城市劳动力新移民的系统构成及其行为选择》，《社会学研究》，2005 年第 1 期。

“明确定位为农民的回乡型”、“模糊定位的徘徊型”、“定位为市民的滞留型”三种类型，其中第三种是指愿望强烈但现实难以融入城市的农民工，指出“制度障碍、土地牵制、交往局限、社会歧视是阻碍滞留型农民工的身份转换与身份认同的因素，致使其难以与城市和市民融合”①。

到目前为止学术界从农民工主体角度考察其社会认同的研究并不多见，从阶层认知的视角来看，影响流动农民身份认同的因素包括了感受到的城市社会歧视、主观感知的收入在城市中的位置、家庭对其外出的支持等几个方面。从城乡社会空间和群体社会记忆的互动视角看②，农村流动人口存在代际区别，并且他们的社会认同已经发生了代际变化，具体表现在新生代农民工较第一代农民工在身份认同等方面更具模糊性，也正是这个原因导致新生代农民工易于诱发游民化倾向，成为问题频发的主体。

由此可见，从宏观层面论述农民工社会认同问题能够深刻阐析制度在促发和阻碍农民工社会认同的双重功能，但无法揭示和阐明农民工主体对自我身份的主观认同程度和易于忽略非制度影响因素；同时容易造成以“制度决定论”的错觉，从而认为只需打破城乡二元结构就能化解农民工社会认同危机。但是，根据奥格本“文化堕距”理论，即使在刚性的制度打破之后的相当长的一段时间内，非制度因素也会继续影响人的意识和行为。综合上述观点我们可以得出结论，从农民工主体角度研究自我认同有着实际的意义③。目前学术界已经开始出现这方面的研究，该研究首先预设社会记忆（教育程度、务农经历、家庭背景、外出经历）对社会认同的影响，在研究方法上将农民工区分为两代并探讨二者在社会认同方面的差异，分析造成这些差异的因素，这类研究的不足之处在于并没有进行详细地探讨和论述社会记忆诸要素是否真正影响社会认同以及影响程度如何。

2.2.5 关于农民工收入权益保障的研究

劳动报酬是劳动给付的对价，是劳动者进行劳动的主要目的和生存的保障，获得劳动报酬是劳动者应当享有的基本和核心的权利。农民工工资是农

---

① 朱力：《准市民的身份定位》，《南京大学学报》，2000 年第 6 期。

② 王春光：《新生代农村流动人口的社会认同与城乡融合的关系》，《社会学研究》，2000 年第 3 期。

③ 彭远春：《社会安全阀机制与贫富差距调适》，《人口与经济》，2005 年第 4 期。

民工用辛苦血汗换来的微薄报酬，现实中工资常常被拖欠。当前我国拖欠农民工工资的问题十分严重，呈现以下特点：（1）拖欠农民工工资问题在全国各个地方都不同程度地存在；（2）从行业来讲，拖欠农民工工资问题主要集中在建筑施工和餐饮企业；（3）对农民工绝对剥削的现象频频发生；（4）农民工工资被拖欠的时间较长、数量较大、范围很广；（5）政府本身就是拖欠农民工工资链条的重要环节之一。[①] 导致农民工工资拖欠问题的原因较多，部分地方党政领导干部在解决拖欠农民工工资问题上还存在认识问题：有的认为拖欠农民工工资是企业的问题，政府没有责任进行治理；有的认为过多地干涉企业拖欠农民工工资问题会影响投资环境，阻碍地方经济发展，甚至有的认为保护农民工的合法权益会影响城市居民的利益。这些认识偏差导致了部分地方政府漠视企业拖欠农民工工资问题，不认真治理。另外，有法不依、执法不严、选择执法等有违法治精神的现象不同程度地存在，劳动合同、解决欠薪纠纷的行政与诉讼仲裁程序以及法律规定本身存在漏洞，加之市场经济不规范、不成熟等，这些都是造成拖欠农民工工资的直接或间接原因。

拖欠农民工工资的社会影响很大，它不仅损害党和政府的形象、影响社会环境、危害社会公平正义，还会影响农村剩余劳动力的合理有序流动的积极性，容易造成社会秩序、社会治安的恶性事件。对此，学术界就如何完善保护农民工权益的法律制度提出了相关对策建议：如研究制定农民工权益保护法，确立支付农民工工资的法律制度；制定《劳动监察条例》，规范工资行政处理程序；制定工资法，明确制定最高和最低工资标准；或实行保证金制度；乃至成立惩罚性的赔偿制度等。这些探讨都有益于我们深入思考农民工权益保障问题。

有学者[②]提出用法律法规的形式规范企业与工人之间的关系，明确规定企业必须与具有相应资格的市场主体签订民工合同，否则由企业承担无限连带责任[③]。还有学者[④]提出解决拖欠农民工工资问题是工会不可推卸的责任，建议加快工会组建步伐，尤其要在建筑业、餐饮业等劳动密集型企业加大工

---

① 缪自锋：《城市农民工工资拖欠问题浅析》，《兰州学报》，2005 年第 3 期。

② 吉龙华：《试析解决农民工工资问题的法律保障》，《经济问题探索》，2004 年第 5 期。

③ 李耀玉、杨星：《云南省农民工权利保障的法制环境初探》，《学术探索》，2003 年第 11 期。

④ 戴文宪：《积极发展城镇农民工加入工会》，《中国党政干部论坛》，2002 年第 8 期。

会组建力度，积极探索各种有效的形式，增强农民工组织维权的能力，为农民工提供组织保障和权益维护。

2.2.6 关于农民工社会管理创新的研究

农民工社会管理创新关系到解决农民工问题的各个方面，诸多学者从不同的角度进行了研究。有学者认为社会管理制度改革滞后，进城农民工的权益受到损害是影响城乡社会和谐的突出问题，农民工社会管理涉及制度改革，利益关系调整和管理体制的转变①。有学者认为当前农民工社会管理主要存在的问题有城乡二元分割的户籍制度使农民工的待遇空心化、拖欠农民工工资问题严重、农民工社会保障权缺失、农民工及其子女没有公平分享城市培训和教育的权利②。有学者认为，由于城乡隔阂仍然存在、城乡二元分割体制尚未打破、农民工社会管理机制尚不成熟等原因，我国农民工社会管理模式正在经历管理目标由计划调控向促进融入、管理对象由“入侵者”向“新市民”、管理格局由各自为政向协同管理、管理方式由限制向服务的转型，面临诸多困境，并指出农民工社会管理的创新路径在于创新农民工社会管理观念，减少农民工社会管理制度歧视，建立农民工社会管理长效机制③。有学者认为当前农民工社会管理存在的突出问题，是许多地方社会管理思路尚未摆脱城乡二元分割体制影响，对进城农民工“经济性接纳，社会性排斥”，农民工的利益、诉求难以在城市公共政策的制定中得到制度化的表达，一些城市的社会治理仍沿用管制式管理的方式。必须认同进城农民工是城镇居民，按照公平对待、民主法治的原则推进社会管理体制改革④。有学者认为当前影响城乡社会和谐的一个突出问题，是我国社会管理制度改革滞后，进城农民工的权益受到损害⑤。解决这种问题就是要加强农民工社会管理，

---

① 宋向峰：《试析新形势下农民工的社会管理问题》，《中共石家庄市委党校学报》，2006年第6期。

② 宋林霖、孙宝民：《加强农民工社会管理问题探析》，《中国农垦》，2006年8月。

③ 田北海：《农民工社会管理模式转型与创新路径探讨》，《华中农业大学学报（社会科学版）》，2011年第2期。

④ 崔传义：《当前农民工社会管理的突出问题与政策建议》，《重庆工学院学报》，2005年第10期。

⑤ 吴海娟：《社会和谐与农民工社会管理》，《赤峰学院学报（汉文哲学社会科学版）》，2008年第1期。

促进社会和谐，要以破除城乡二元体制为目标，渐进式地改革户籍管理制度，构建开放的社会管理平台，加快农民工融入城市的进程。同时要推动城乡社会保障体系衔接和整合，完善法律法规体系，以维护农民工的合法权益。还有学者专门对新生代农民工社会管理进行了研究，认为在城市定居的心理预期与实现城市化的能力之间的张力，对城市生活的向往与城市社会排斥之间的张力，新生代农民工城市化的要求与社会管理碎片化之间的张力这三大张力难以化解，提出新生代农民工的社会管理应该用平等的政策处理农民工与其他人之间的关系；用统一的政策处理农民工的生产与生活的关系；用发展的政策处理农民工生存的城乡地域之间的矛盾①。有学者认为农民工问题本质上是体制问题，转变对农民工的社会管理、创新管理体制、规范政府行为，对于农民工问题的解决、推进城市化进程、实现城乡统筹、构建社会主义和谐社会都具有重大的意义②。总体来看，关于农民工社会管理创新的文献偏少，大多停留在就问题言对策的层面，还没有从农民工社会管理体系出发来进行探讨，还缺乏严密的理论思考与演绎。

2.3 关于文献的简短评述

从目前的研究现状来看，关于农民工的就业、社会保障、公共服务、收入权益保障、社会认同、社会融入、社会管理、社会制度等一系列的内容都或多或少的有所涉及，有些领域的研究较为充分，比如农民工社会保障问题；有些领域研究则相对较为薄弱，比如农民工社会管理创新问题。但总体来看，主要存在以下几个特点：

一是关于农民工问题的研究较为充分，这个领域一直是学术界关注与关心的重点。农民工的社会管理创新作为当前发展进程中的一个热点问题，已经引起了诸多学者的广泛关注。在农民工社会管理创新研究较为薄弱的现实下，对农民工问题的充分深入展开研究为下一步研究农民工社会管理创新打了较好的研究基础，丰富了研究素材，寻求了研究支撑，明确了研究方向。

二是关于农民工社会管理的文献较少，这些文献主要是结合农民工问

① 王一：《新生代农民工社会管理问题初探》，《南方论丛》，2011 年第 1 期。
② 王中强、于孝安：《农民工社会管理的转变和制度创新》，《理论学习》，2007 年第 2 期。

题，特别是城市政府从面临农民工流动性强而不便管理的角度出发来探讨的，还缺乏系统的归纳与总结、充分的数据与素材循证、深入的分析与理性思考以及理论的严密与逻辑演绎。这使得对农民工社会管理创新的研究任重而道远，还需要继续深入展开，在更广层面、更大视野、更新系统范畴内进行更加深入的研究。

三是农民工社会管理的理论支撑较为充分，如何将相关理论与农民工社会管理创新更加紧密地结合起来是一个值得深思的问题。农民工社会管理的理论包括了经济学、社会学、公共管理学等基础性理论，但在研究的过程中需要更好地结合。比如在研究农民工社会融入时，就需要认真结合社会资本理论、社会支持理论等进行。

四是对农民工社会管理的政策体系研究较为缺乏，还有待进一步地深化。农民工社会管理政策体系是一个涉及农民工问题、户籍制度、社会保障制度、社会心理、社会文化、财政支出等若干方面的系统性、集成性的问题，需要从顶层设计与政策体系来进行考量，目前的研究还有待进一步深化。

总之，二元结构下农民工问题与社会管理创新具备了一定的研究基础，但还有待进一步予以系统研究，还需要在本文的理论逻辑框架内深入展开。

2.4 研究的理论框架

农民工及其社会管理创新已经成为社会各界必须给予高度重视和关注的一个重大问题，理论的演绎表明需要从政府作用、社会组织与公众参与、政策体系构建等方面着手，以促进解决农民工问题和创新农民工社会管理目标实现。

就政府作用而言，要从“刘易斯拐点”这一经济社会大局的视角来思考政府职能转变与农民工社会管理创新。“刘易斯拐点”的到来意味着劳动力无限供给阶段的终结，二元格局逐渐向一元转变，政府在农民工社会管理创新的作用必将体现出社会经济转型期的独特内涵。政府要充分转变政府职能，更加注重社会建设与管理、更加注重农民工切身利益、有效推进农民工市民化；要合理配置资源，应在农民工的社会保障、居住、就业、权益维护方面等涉及公共服务和公共利益领域提供平等的政务服务；要围绕着农民工社会管理创新的理念、制度和方式扎实展开各项工作。

就社会组织和公众参与而言，要从发挥社会组织的“减震器”和“黏合剂”作用、农民工的主体作用以及工会组织的社会协同作用的角度来思考农民工社会管理创新。要通过社会组织承接政府转移部分职能，搭建社会各方参与的公共服务平台，做好农民工的服务提供者、权益维护者、利益代言者来加强和创新农民工社会管理；要通过提高农民工人口素质，培养农民工公民意识，提高农民工的公共参与能力，拓宽公共参与渠道来发挥农民工参与社会管理的主体作用。

就积极发挥工会组织的作用而言，要特别突出工会组织的社会协同作用，要妥善协调农民工群体与各方面的利益关系，要积极参与农民工相关社会政策的制定，要充分发挥针对农民工的社会服务职能，要强化和完善工会组织参与农民工社会管理的理念、环境、基础、机制。

就充分保障农民工权益而言，要特别突出农民工权益保障的基础性核心地位，积极维护农民工的就业生存权益、安全保障权益、政治尊严权益、自我发展权益，破除农民工权益受损的制度梗阻，积极谋划农民工权益的保障路径，进一步强化政府、企业、社会、农民工的重要作用。

就政策体系构建而言，要重点从向农民工提供无差别的公共服务和促进农民工市民化的角度来思考农民工社会管理创新的政策体系。要从顶层设计、省级层面、市县层面，从农民工社会管理的促进政策和保障政策来构建政策体系框架。要改革户籍制度、农民工社会保障制度、农民工子女教育制度、农村土地制度，要把“融入城市”作为农民工社会管理创新的根本理念，建立全面覆盖农民工的公共服务体系，构建让农民工充分融入城市管理的服务体系，完善服务参与式的流动人口管理体系，健全农民工教育培训体系等。

基于此，本书按照构建“党委领导、政府负责、社会协同、公众参与、法治保障”的社会管理格局的要求，考量农民工社会管理现状与问题，集中从政府职能转变、社会组织、公众参与、社区建设、工会作用等方面阐述了与农民工社会管理之间的关系，提出了相应的政策建议，最后给出了农民工社会管理创新的政策体系研究。

具体理论框架见图2－1。

而从理论框架体系来看，可以做出如下阐释：

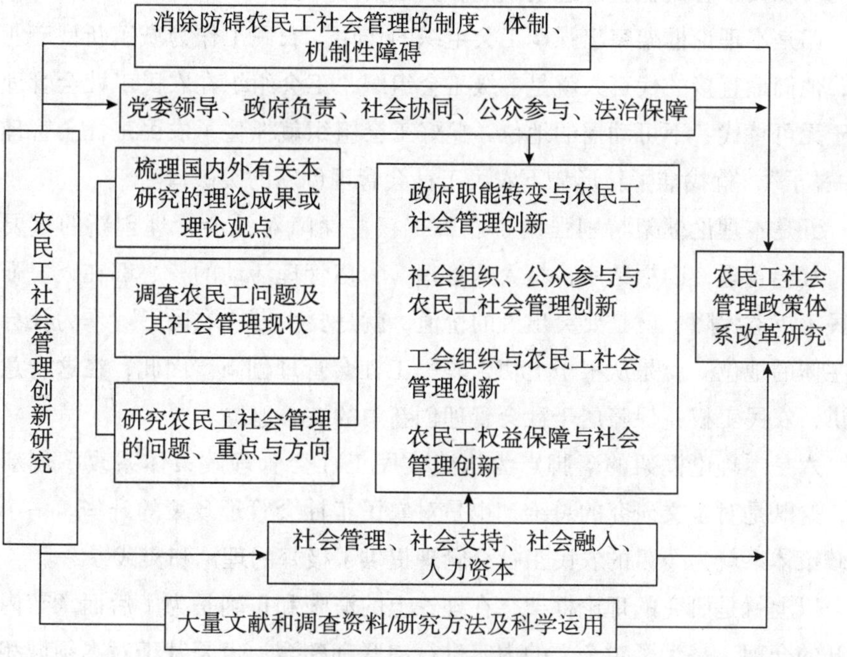

图 2－1　本书的理论框架图

一是本理论框架按照“党委领导、政府负责、社会协同、公众参与、法治保障”社会管理格局的要求来展开。这既是顶层设计的重大战略部署，也是农民工社会管理需要贯彻的基本要求。既符合从宏观上把握农民工社会管理的基本现实，也有利于从实践入手加强和创新农民工社会管理。

二是本理论框架强调政府的作用，政府职能转变对农民工社会管理具有非常重要的意义。政府在配置资源时，不再过分局限于经济生活领域，而更加注重社会领域，对农民工实行社会性接纳，由政府主导的农民工社会融入过程也将更加顺利。这要求政府在农民工的社会保障、居住、就业、权益维护等涉及公共服务和公共利益领域提供平等的政务服务。

三是本理论框架基于社会管理模式由强制管控型向服务参与型转变的现实来考量的。突出强调社会组织、公众参与在农民工社会管理中的重要作用，强调社会组织是为了使农民工社会管理具有更多的内容提供者、权益维护者、利益代言者，强调公众参与是为了充分发挥农民工在社会管理中的主体地位和主体作用，强调社区建设是为了充分依托社区这一社会基本单元加速农民工的社会融入。基于此，社会组织、公众参与在农民工社会管理中价值的实现关乎着其社会管理模式能否真正实现转型。

四是本理论框架突出强调工会组织的作用。农民工作为城镇新型产业工人，他们最直接的代言人就是各级工会组织，工会组织在农民工社会管理中居于无可替代、不可动摇的地位，搞好工会组织就抓住了农民工社会管理的“牛鼻子”，就找准了新形势下农民工社会管理创新的突破口。

五是本理论框架特别强调了农民工权益保障对社会管理创新的重要意义。社会管理，归根结底，是人的管理，一切管理活动的核心都在人。强调农民工权益保障，就是要突出人的价值，就是要突出“农民工”作为社会管理主体的地位。就是从根子上切入农民工社会管理创新。因此，在这个意义上讲，农民工权益保障居于社会管理创新中的核心地位。

六是本理论框架的落脚点为构建农民工社会管理政策体系改革创新研究，这既是对全文研究的总结，也是对农民工社会管理政策的升华。一个好的政策体系就为今后的农民工社会管理提供了极好的理论和实践参考。

以上就是研究的理论框架，在理论上的清晰和正确是为了后面章节内容展开的合理，是为了对全文的内容进行串联和整合，也是基于对本领域相应理论的吸收和文献梳理而做出来的。以后章节将围绕此理论框架而逐一展开。

3

农民工问题及其社会管理现状的调查

——以四川为例

农民工问题及其社会管理创新一直都是社会各界关注的重点研究领域，对农民工问题及其社会管理进行深入调查也是我们研究农民工社会管理的首要之义。改革开放以来，我国的工业化、城镇化、现代化进程已呈不可逆转之势，其最终走向必将是从城乡二元结构的分治格局向一元结构的城乡统筹方向转变，而农民工则是这一重大历史转变时期的重要主体，其群体演变无疑与中国的工业化、城镇化、现代化进程密切相连，在“三化”发展中居于极为关键的地位。自然，应对并解决好农民工社会管理问题就成为新形势下一个重大命题。本章主要围绕农民工问题及其社会管理的各个方面来展开调查，并进行深入分析。

3.1 研究目的、宗旨与方法

3.1.1 研究目的

农民工是我国改革开放30年来形成的一个社会群体，为我国经济和社会发展作出了重大贡献。农民工群体涉及几亿农民生产、生活方式的转变，涉及数千万农村家庭的实际利益，事关我国经济社会发展和现代化建设的大局。党中央、国务院高度重视农民工问题，《国务院关于解决农民工问题的若干意见》就对农民工问题提出了明确的要求。为此，本研究在四川省总工会的支持下，对四川省农民工问题进行了深入的调查研究，以了解农民工的就业、收入、生活等情况，为党和政府科学制定政策、加强和创新农民工社会管理工作提供重要依据。具体而言，通过实地调查的方式达到以下目标：

（1）全面了解农民工的结构、流动及特征等基本情况；

（2）深入考察农民工的生活与工作状况；

（3）分析农民工社会保障的基本情况及其影响因素；

（4）分析农民工所遇到的困难及应对策略；

（5）反映农民工的社会期望与诉求；

（6）探讨政府、工会、社会组织及社区在农民工社会管理中所扮演的角色。

3.1.2 调查说明

为达到上述目的，研究选取四川成都、绵阳、遂宁、广元四个城市作为实地调查地点，以搜集农民工生活、工作状况、享受社会保障的程度、困难与应对策略、社会诉求与社会期望等方面的实证数据。这几个城市代表了四川不同发展水平、不同发展程度的样本，他们的城市产业结构互不相同、各具特色，在吸纳农民工产业领域不尽相同，农民工的情况与困难各具特点，因此，调查地点的选取具有全面性与代表性。

3.1.3 样本选取

样本选取按照分层抽样（Stratified Questionnaire Surveys）方法进行，在每个城市选取100～150个样本，以问卷作为访问依据。问卷由被访者填写或由访问员代为填写，本次调查得到了西南财经大学中国西部经济研究中心与各城市总工会的大力支持。在每一城市内的抽样，也力求做到样本的区域分布、类型分布、产业分布大体平衡。每个城市选取有代表性的区（县），调查员再深入所选区县的乡镇与街道进行调查，所属产业包含了建筑业、制造业、服务业等农民工较为集中的行业领域。样本可大体分为企业、工业区、家庭户及随机四种类型。调查发放问卷600份，回收问卷共548份，其中合格问卷516份，合格率为94.3%。

3.1.4 被调查农民工基本情况分析

基本情况表现为：

（1）性别：男性304人，占被调查人总数的58.9%，女性212人，占被调查人总数的41.1%。

（2）年龄分布：被调查者主要分布在30～45岁之间，共有249人，占被调查者总数的48.3%；45岁以上的有44人，占比8.5%；年龄小于20岁有76人，占比14.7%；年龄处于20~30岁之间，有147人，占28.5%。

（3）被调查者离开户口所在地在外工作时间平均为8.1年，其中来所调查城市工作5.7年。

（4）被调查者为农村户口的434人，不是农村户口的82人。

（5）受教育程度：未受教育的有3人，小学38人，初中242人，高中88人，中技中专为101人，大专及以上44人。

（6）被调查者进城就业前的身份：学生180人，务农181人，家庭非农经营11人，在当地乡/镇/村办企业务工14人，在外打零工66人，复转军人8人，村/乡干部6人，其他45人。

（7）外出务工动机：认为农村发展机会太少，外出有利于个人发展有231人，要挣钱养家，帮助弟妹/子女上学有232人，向往城市的生活方式的有134人，跟随村里人/亲人外出的有67人，躲避在农村的麻烦和责任有7人，选择其他的有68人。

（8）进城务工的渠道：经亲朋好友介绍进单位的有269人，参加本乡本村的包工队的有21人，无人帮忙自己找工作的有140人，参加当地政府、学校组织的劳务输出有10人，用人单位直接到乡里招工的有10人，其他29人。

（9）至今变动工作的次数：没有变动的有108人，变动1次的有68人，变动2次的有133人，变动3次的有198人，其他9人。

（10）现在每年从事农业劳动的时间：不再从事有198人，偶尔从事有273人，三个月至半年时间有12人，半年以上有27人，其他有15人。

（11）进城后家里责任田的处置：失去土地的54人，由家人耕种的324人，出包或者雇人耕种的78人，退交集体的23人，土地撂荒的26人，其他11人。

3.1.5　数据处理方法与内容

本研究采用分层、整群抽样方法，设计相关调查问卷。调查主要涵盖四个方面内容：

（1）被调查农民工的基本情况；

（2）农民工就业与劳动保护状况；

（3）农民工社会保障状况；

（4）农民工社会关系与社会融入状况；

（5）农民工社会资本与社会支持状况；

（6）农民工收入水平与自我认同状况。所有资料采用 FoxPro 6.0 建立数据库，应用 SAS 8.0 统计软件进行统计处理分析。

3.2 农民工问题及其社会管理的调查数据分析

3.2.1 农民工就业与劳动保护状况

（1）进城就业情况调查。调查显示，农民工大多因为挣钱、寻找发展机会、向往城市生活的动机而外出务工。其中，认为农村发展机会太少，外出有利于个人发展的占 44.8%；要挣钱养家、帮助弟妹或子女上学的占 45%；向往城市的生活方式的占 26%；跟随村里人或亲人外出的占 13%；躲避在农村的麻烦及其他的占 14.5%。农民工主要经亲朋好友介绍和自己寻找进城务工，不依赖政府提供就业机会。经亲朋好友介绍进单位的占 52.1%；无人帮忙自己找工作的占 27.1%；参加当地政府、学校组织的劳务输出仅为 2%；用人单位直接到农村招工为 2%；其他途径为 9.7%。农民工变动工作次数较多，至今没有变动的占 20.9%，变动 1 次的占 13.2%，变动 2 次的占 25.8%，变动 3 次及以上的占 40.1%。农民工现在不再从事或偶尔从事农业劳动比例较高，不再从事的占 38.4%，偶尔从事的占 52.9%，从事三个月及以上的占 8.7%。

（2）以非公有制为主的就业分布特征。实现有效就业是农民工进城的第一要务，调查显示 42.91% 的农民工在私营企业就业，其次是在股份制企业工作的占 27.94%，国有和个体分别占 9.78%、8.18%。农民工就业所有制分布明显体现以私营、个体企业为主的就业分布特征，这种分布特征与非公有制企业容纳大部分就业人口的整体格局相一致，说明外来进城务工者很难进入公有制企业，非公有制企业是打破城乡劳动力市场分割的重要载体。

（3）规范上岗与法律意识不断增强。上岗前培训成为农民工就业的基本要求，农民工在上岗前大多要经过培训，有 84.24% 的经过上岗前培训，且大部分培训时间低于三个月；法律意识在不断增强，有 87.13% 的农民工和用工单位签订书面合同，并且订立劳动合同的时间大多在半年到三年期间；

工作的时间更加合理，83.84%的农民工工作时间在十小时内，且68.37%的农民工延长工时或安排节日工作，能得到更高的报酬；被拖欠工资的现象逐渐减少，52.44%的农民工没有被拖欠，但仍然有38.99%的农民工有被用工单位拖欠工资的现象，相关部门监管力度需继续加大。

（4）用工环境与工会作用发挥亟待加强。调查显示，82.6%的农民工所在单位对本地员工和外地员工能做到一视同仁，并且几乎没有任意打骂农民工的行为发生。但只有42.77%的农民工所在单位建立劳动争议调解委员会；72.66%的农民工所在单位建立了工会，但认为工会没起到实质性作用；55.97%的农民工没有加入到工会组织；有超过半数的加入工会组织的成员没有参加过工会组织的活动，没有得到工会的任何帮助；仍然有63.37%的农民工想加入工会组织。工会组织在农民工社会管理中极为重要，要努力行使职能、发挥作用。

（5）劳动保护改进空间依然较大。现行《劳动法》规定用人单位必须对劳动者进行安全卫生教育，防止劳动过程中的事故、减少职业危害，并对从事有职业危害作业的劳动者定期进行健康检查。被调查农民工有24.17%的受过工伤或者患过职业病，受伤或患职业病中的35.34%由自己进行治疗，34.48%由用人单位、老板负债治疗，25.86%由自己与单位或老板共同负担。大部分农民工参加了工伤保险，83.17%的农民工认为在工作中受伤或患职业病后应由单位或老板负担治疗和补偿，仅有27.61%的农民工了解因工伤亡补偿标准，29.92%的农民工知道单位建立有工伤和职业病补偿制度，还有59.84%不清楚单位是否有这一制度。有29.54%的农民工从事过危险、有毒、有害的工种或岗位，仅有70%的农民工享受了单位提供的定期健康检查、劳动卫生教育、劳动保护用品等，仍有大量农民工没有依法享受相关劳动保护。

3.2.2 农民工社会保障状况

（1）农民工担心问题较多。就社会保障领域而言，目前农民工最担心的问题依次为：22.74%担心生活困难，18.34%担心无钱供孩子上学，17.6%担心生病问题，17.35%担心失业后找不到工作，13.2%担心受伤后的治疗问题，10.76%担心养老问题。这些问题都涉及农民工切身利益，与农民工的生活息息相关，需要引起高度的重视。

(2) 农民工养老保障问题突出。农民工的养老保障问题是社会管理关注的重点，有70.41%的被调查农民工担心自己和家人将来的养老问题，只有11.64%的农民工不担心养老问题，剩下17.95%没有考虑过此问题。调查农民工的参保意愿表明，如果单位和农民工本人各自缴纳一部分养老保险，实行个人账户累计，有82.5%的农民工意愿参保。

(3) 农民工子女教育问题堪忧。调查显示，有小孩的农民工中有44.08%的小孩生活在老家，48.82%跟随自己在城里生活，7.1%在其他地方生活；当处于学龄前的农民工小孩，50.89%在父母所处打工城市学习，还有49.11%在家乡就读；在城里就读的小孩家长有56.57%认为小孩的学（托）费太贵，有18.29%认为可以接受，17.71%认为有点贵，2.29%认为不贵。调查数据显示，农民工子女教育问题突出，一方面是留守农村儿童的生活、教育等问题值得关注，一方面是在城里上学的农民工子女的受教育学校、教育环境以及学费等问题值得认真思考和研究。

(4) 农民工医疗问题较为突出。调查中，有37.67%的农民工在生病后会立即去正规医院检查治疗，但有27.96%自己去药店买药，14.95%去街头的小医院、私人诊所、游医进行检查、治疗，16.5%选择能忍就忍、能拖就拖、不到万不得已不去医院，2.91%选择其他方式。关于医疗费用调查表明，农民工由于医疗费用较高而无法承受，有93.17%选择“太贵”和“比较贵”，没有农民工选择“很便宜”；70.98%的农民工在生病时医疗费用由个人或家庭承担，28.24%由个人、单位共同负担，仅有0.78%由单位全部报销，但是单位一般只负责大病补偿或定额补助，最终大部分还是由农民工自身承担。关于农民工参加医疗保险状况，有41.65%的农民工在家乡参加了新型合作医疗，31.83%在工作单位参加了医疗保险，还有1.18%购买了商业保险，但有20.04%没有采取任何措施。如果由单位个人共同缴纳医疗保险的话，66.47%的农民工希望既保小病，又保大病；29.96%的希望只保大病，不保小病。

(5) 失业风险难以规避。失业是农民工面临的一个突出问题，农民工经济能力弱，抗风险能力差，有效规避失业风险有着举足轻重的作用。调查显示49.61%的农民工有过失业经历，67.22%失业在三个月以内。另外，有51.17%的农民工没有参加失业保险，仅有33.01%参加了失业保险。在失业后，84.55%的农民工靠以前的积蓄生活，8.13%靠亲朋好友接济，4.07%

靠单位发给的失业补偿生活，2.85%靠失业保险生活，0.41%靠老乡和以前的同事救助。交叉表的统计分析还表明，进城务工渠道对务工者的失业风险意识有显著影响，通过亲朋好友介绍进城务工的农民工最不担心失业风险，通过当地政府、学校的劳务输出的最为担心失业风险，而通过其他途径的担心程度也较高。这说明，在农民工的职业搜寻中，地缘关系往往起着极为重要的作用，而对政府依赖程度最低证实了政府在农民工社会管理中的作用需进一步强化。

3.2.3 农民工社会关系与社会融入状况

（1）农民工社会融入过程艰难。农民工与当地市民、政府的关系是其社会关系与社会融入的重要方面，农民工的劳资关系、员工关系、与当地居民的关系、与政府的关系和谐与否是农民工社会关系与社会融入程度的重要标志。以农民工与所在企业的关系为例，农民工在与当地员工相处期间，71.91%的农民工交往较为融洽，18.73%与其有一定交往但有距离感，7.77%偶尔交往且比较陌生。农民工证件办理情况也可看出其社会融入情况，有43%的农民工办理了暂住证，23%办理了城镇劳务许可证，22%办理了外出务工许可证，28%持有计划生育证。在有过办证经验的农民工中，82%的农民工没有重复办证经历，80.04%没有被截查证件，81.07%没有被罚款的经历，96.66%没有被收容遣送的经历，59.39%亲戚、朋友或老乡也没有被收容遣送的经历，仅有7.14%亲戚、朋友或老乡有被收容遣送的经历。这组调查数据显示部分农民工的确在城市融入过程中受到歧视，应该反思的是，诸多证件是否能真正有利于农民工的社会融入。一方面持证有利于农民工依法诉求自身利益，但另一方面持证过多与管理过严则会强化农民工的身份意识，不利于其社会融入。

（2）农民工满怀社会融入愿望。主观上来看大部分农民工愿意与当地居民交往，但也有部分农民工存在主观阻碍因素。调查显示，农民工与当地居民交往的意愿受到各种因素的影响，其中，转业军人、学生出身较为愿意和当地人交往，收入水平较高者更加愿意与当地居民交往，对自己社会地位满意的农民工要比对自己社会地位不满的更愿意与当地居民交往。除却农民工的主观因素外，我们还发现农民工与本地居民交流的主观愿望取决于本地居民对待外来打工者的态度。调查显示，76.23%的农民工愿意在日常生活中与当地市民打交道。在相处中，59.41%的农民工得到过当地市民的帮助，72.95%的农民工也帮助过当地市民。

（3）农民工社会关系自我认知情况。调查显示，14.69%的农民工对当地派出所民警或治保会印象很好，58.35%认为一般，8.05%认为不好，7.04%认为很不好，11.87%说不清楚。在被问及在外打工期间是否受到外地人排挤时，53.12%的农民工不认同在外打工期间受到外地人排挤，17.71%认同受到排挤，29.18%不清楚是否受到排挤。89.16%的农民工很不同意或不同意造成城市社会治安变糟的原因是因为农民工进城的观点，93.31%很不同意或不同意农民工抢了城里人饭碗的观点，90.55%很不同意或不同意农民工与城市居民相比较素质较差的观点。这些关于农民工对自身社会关系认识的调查数据表明，农民工在当地的社会综合治理等环节中还没有被认同，缺乏社会组织与农民工的参与，社会管理依然为行政强制性管控模式；农民工本身不是或者至少意愿上不是犯罪的主要源泉，进城务工并不必然使其成为犯罪率高发群体，这与城市社会管理体系以及农民工个人的经历情况都密切相关；农民工大多从事的是城镇居民不愿意从事的脏、苦、累的行业，从就业市场本身来讲，并不存在抢饭碗之说，就业市场上的理性主体，其聘用、解雇行为本质上都是市场行为，片面认为农民工抢了城镇居民饭碗的观点在农民工看来都是站不住脚的。

3.2.4 农民工社会资本与社会支持状况

（1）社会支持系统缺失。农民工进城务工面临很多困难：39.24%认为生活成本太高，16.73%认为工作太辛苦，13.75%认为劳动条件恶劣。当农民工面临生活困难需要帮助时，72.89%会向家人寻求帮助，7.47%会向亲戚求助，7.27%向朋友、老乡求助，极少数的农民工会向同事、老板、单位、城里房东或熟人、当地政府官员、家乡干部求助，还有2.75%选择不求助。进城务工者面临的困难能否有效解决关系其切身利益，关乎其社会融入，这与农民工的社会支持系统息息相关。从社会支持系统中的企业组织来看，企业组织是社会运行的基本单元，是社会系统的重要组成部分，但农民工遇到困难时大多以向亲朋好友求助为主，而非企业为主的事实，说明了农民工社会支持系统的缺失。从而农民工被迫通过自己的力量来解决面临的各种问题，也促使他们对社会支持系统的信心日益不足。

（2）公共部门社会支持不足。政府以公权介入的方式加强对农民工的社会支持，维护了农民工的基本权益，也对冲了劳资关系的天然不平等性。政府公权介入的方式则包括有关部门以第三方的角色对劳资关系进行协调，政府司法部门提供法律援助，农民工依托工会组织维护自身的利益等。调查显示，当其合法权益受到侵害时，29.97%的农民工会寻求法律援助，29.92%选择向亲戚朋友或老乡求助，21.46%向有关机构申请调解仲裁，12.99%向工会组织寻求帮助，4.72%选择默默忍受、不求助。而农民工在进城务工过程中，最迫切需要政府或单位帮助解决的问题包括：31.94%认为是取消不合理收费，29.95%认为是监督劳动合同订立及履行，24.95%认为是要建立社会保障制度让农民工参加社会保险，12.17%认为是当遇到特殊困难时政府能及时进行救济，4.19%认为需要责成企业按时如数发放工资，3.79%选择其他问题。而从农民工的愿望需求来看，61.9%希望有代表农民工维权的组织存在，当他们的合法权益受到侵害时能通过组织反映其合理诉求。在缺乏社会支持系统的条件下，农民工往往只能通过自身力量来解决其面临的各种问题，他们在成为城市建设者的同时，却难以获取城市社会的足够支持和帮助，享受与城市居民相等的公共服务，这都使得社会支持系统的缺乏成为农民工真正融入城市、转换身份的重要障碍，也成为当前农民工社会管理需要解决的重点问题。

（3）农民工的法律意识逐步提高。对法律的深入了解为维护自身合法权益打下了良好基础，当自身权益受到侵害时，可以诉诸法律渠道解决。调查表明，随着法律知识的普及，农民工对法律知识的了解程度提高，69.77%的农民工知道《中华人民共和国劳动法》，52.33%的知道《中华人民共和国宪法》，34.69%的知道《中华人民共和国刑法》，33.14%的知道《中华人民共和国治安管理处罚条例》，31.78%的知道《中华人民共和国安全生产法》，28.68%的知道《中华人民共和国妇女权益保障法》，28.49%的知道《中华人民共和国工会法》，22.29%的知道《中华人民共和国职业病防治条例》，13.95%的知道《中华人民共和国企业法》。

3.2.5 农民工收入水平与自我认同状况

（1）农民工收入水平整体偏低。调查显示，61.55%的农民工月收入为1501元以上，20.72%月收入为1201～1500元，15.34%月收入为801～1200

元。与过去相比，农民工收入水平得到了很大提升，但是整体上仍然属于低收入阶层。而城市生活成本逐步提高，农民工储蓄以及往家里寄钱较少。有40.85%的农民工没有每月给家里寄钱，给家里寄钱每月1000元以上的仅占18.9%，40.25%的每月寄钱都在1000元以下。农民工人均收入水平整体偏低决定了他们对自身收入水平评价较低。与当地城市收入水平相比，39.96%农民工认为自身收入水平处于下层，39.96%认为自身收入水平是中下层，17.69%认为自身收入水平是中层，仅2.39%认为自身收入水平为中上层或上层；与自己家乡的人均收入水平相比，33.73%认为是中下层；30.95%认为是中层，35.32%认为是中上层或上层，这比与当地城市人均收入水平相比的评价结果要高。就农民工对目前就业岗位与收入水平的满意度调查显示，55.98%认为一般满意，20.92%不满意，14.94%的满意，5.58%很不满意，2.59%很满意。可见，农民工对自身收入水平自身满意程度较低。

（2）农民工居住条件较差。调查显示，44.81%的农民工与家人同住，22.5%的农民工与一同打工的老乡同住，20.74%自己单独住，2.35%与亲戚同住；他们的住所有57.53%为租用私房，33.81%为单位宿舍，3.92%为自己搭盖简易棚屋，2.68%为亲戚朋友家，1.65%为工棚，0.41%为老板家；调查还显示农民工对居住条件满意程度较低，52.54%的农民工对自己目前的住房条件一般满意，25.98%表示满意，12.1%不满意，4.69%很不满意，仅有4.69%表示很满意。居住条件极差会极大影响农民工的身心健康与城市认同感，政府应针对农民工的住房需求，进一步加大廉租房等保障性住房建设。

（3）农民工自我社会地位认同一般。调查显示，53.49%的农民工对自己目前的社会地位一般满意，20.16%满意，16.57%不满意，5.59%很不满意，4.19%很满意；而对于外界称呼自己为农民工，74.19%表示并不介意。社会地位的整体认同有赖于社会融入与社会支持，也需要农民工自身奋斗和学习。调查显示，农民工继续学习情况依然还有很大提升空间，61.39%的农民工在工余时间没有参加任何培训班学习，但还是有38.61%的农民工为了适应社会的需要在业余时间参加培训。在参加了继续学习的农民工中，50.53%参加技术培训班或中专学历教育，有9.47%参加大专学历教育，选择其他的有40%；他们认为参加业余培训主要是为以后发展作准备，以及出于工作需要、增加收入和个人兴趣等。

（4）农民工实现融入城市的愿望并不乐观。调查显示，45.98%的农民工对于自身的未来规划是可能一直在城市工作，还有36.55%不清楚/没想过，17.47%认为会在城市待1～8年后回到家乡。当然，65.4%的农民工希望自己能在城市里安家立业，34.6%希望在城市学到知识或技术后回到家乡找到更好工作；他们认为进城务工的最大收获在于挣钱养活了自己和帮助家人，其次为长了见识、更新了观念和学到了技术和知识；但对于是否愿意将户口迁入现居城市，选择愿意、不愿意和说不清这三种态度的大致相等，证实其在放弃农村户口和土地承包权来实现融入城市的态度上还很模糊。调查数据也显示，有47.55%农民工对户口迁入城市而放弃承包土地持不确定态度，有33.06%的农民工为了继续承包土地不愿迁入城市，仅有12.45%愿意放弃承包土地迁入城市。土地作为农民工的基本保障，其权益不容随意剥夺，在推进农民工进城中各项社会保障工作，特别是对土地权益需充分尊重农民工自身意愿。调查表明，农民工融入城市愿望强烈，但实现这一愿望并不容乐观，各种制度性障碍与现实生活困难都是农民工融入城市需要面对和解决的，这需要在关心农民工切身利益的同时加大顶层设计和制度建设，加强和创新农民工社会管理，促进农民工顺利融入城市。

3.3 对农民工问题及社会管理现状的基本判断与启示

从调查结果来看，农民工收入水平与社会地位较低、就业的不稳定性和流动性较强、社会保障体系建设较为薄弱、劳动保护存在不足、与市民及政府关系较差、社会融入过程艰难、农民工社会支持明显不足，但农民工改变自我与融入城市的愿望强烈、权益意识与自我追求高涨、渴望得到城市政府、社会组织及市民的认可和支持。农民工及其社会管理创新已经成为社会各界必须给予高度重视和关注的一个重大问题，尤其是相关决策部门需要深化对这一问题的认识，这需要从政府作用、社会组织与公众参与、政策体系构建等方面着手，以促进解决农民工问题和创新农民工社会管理目标实现。基于调查本身，我们还可以得出一些解决农民工问题及其社会管理的启示。一是加大执法力度和市场监管。根据不同情况，建立农民工工资支付保障机制与监管制度，从不同角度和各个环节来防止拖欠农民工工资的现象出现。认真监督企业执行落实最低工资标准的同时，制定发布企业相关岗位劳动定额的行业参考标准，确定各类企业的工资指导线。严肃整顿非法劳务市场，非法劳务市场扰乱正常的市场秩序，对于这些非法劳务市场，政府部门应当加强引导，予以清理，从源头上堵住侵害农民工权益的不法行为。加快建立以外来农民工劳动力为主要服务对象的，促进劳动力供求双方相匹配的机制和组织。二是完善社会保险功能。农民工所在企业所有制性质、劳动合同签订状况和劳动者组织的建设状况都会显著地影响农民工社会保险的实际参保率，社会保险制度本身运行的有效性和功能的充分发挥也会影响劳动者对制度的认同程度，并进而影响他们对于参加社会保险的意愿。因此，设计适应农民工特征的社会保险制度只是将农民工纳入社会保险体系的必要条件，加强对各类企业尤其是对私营和个体企业劳动合同管理，加强对私营和个体企业的参保工作，以及确保社会保险待遇的实现都应当成为实现农民工社会保险权的重要工作内容。要逐步调整待遇差别，缩小在社会保险制度内的歧视。三是建立健全农民工工会组织。王兆国同志指出[①]：“进城务工人员是工人阶级队伍的新成员，在促进城乡经济发展、巩固工农联盟方面发挥着重要作用，他们在工作、生活中面临的困难和问题，需要工会组织予以更多的关心和帮助，维护好他们的合法权益，把他们进一步组织起来、团结起来。”表明工会组织正式将农民工纳入关注范围。全国总工会发出通知要求把维护进城务工人员合法权益作为工会的一项重要工作来抓，要依法将农民工组织到工会中来，并协同有关部门，切实维护好农民工的合法权益，把维权的各项工作落到实处。动员企业将农民工吸收进企业的工会组织，或在街道和社区内设立农民工工会组织，充分发挥工会作用，充分保障农民工的基本权益。四是加强社会支持与社会融入。从企业的角度来讲，企业员工与企业管理者和谐相处是企业正常运转的一个基本条件，当员工尤其是农民工在工作和生活方面遇到困难向企业提出时，企业在条件许可的情况下，应主动尽量帮助解决，增强企业员工的凝聚力。从公共部门的支持来讲，如果劳资关系具有天然不平等性的话，为了维护相对弱势的劳动者利益，就必须以“公权介入”的方式加强对劳动者的社会支持，这其中包括劳动者以

① 《王兆国在中国工会第十四次全国代表大会上的报告》，http：//www. worker cn. cn。

工会组织的形式维护自身的利益，政府相关部门以第三方的角色对劳资关系进行协调，司法部门提供法律援助等。同时，社会各界应加大宣传教育的力度，引导和帮助农民工注重自身素质的提高和个人形象的不断改善，鼓励他们逐渐融入城市社会。

3.4　小结

本章基于对农民工问题及其社会管理现状的调查研究，深入分析当前农民工问题及其社会管理现实，调查研究表明农民工规模庞大、身份特殊、经济社会地位较低、就业不稳定性与流动性强、权益受损明显、与当地居民和政府的关系不太理想，但农民工追求平等就业、公平分配及合理分享经济发展成果的愿望强烈、权益意识高涨、追求自我升华。基于调查研究，农民工社会管理应从加快完善劳动法律体系，政府加大各项法律的执法力度和市场监管，完善社会保险功能，建立健全农民工工会组织，加强社会支持与社会融入等方面入手来予以强化和应对。

4

农民工社会管理：现状、问题与方向

农民工在城市中相对来说属于社会弱势群体。他们的工作强度一般较大，工作和生活环境相对较差，还可能遭受各种社会歧视；农民工劳动合同签约率低、社会保险参加率低、工资水平偏低，公共生活参与度低，很难享受得到民主政治生活。但农民工渴望得到体面的工作和生活方式，渴望融入城市得到社会的尊重。更为关键的是，农民工长期外出务工，虽然户籍还在农村，但长期人户分离，已经不属于传统的农民身份，农村在某种意义上已经是他们回不去的故乡。这就意味着，从农民到市民不是一个简单的跨越，而是一个复杂的过程，这对社会管理工作也是巨大的考验。虽然整个社会在快速发展，但社会管理已经滞后于经济的发展与变迁。这是我们研究农民工社会管理创新前置条件的一个基本判断。上一章对农民工问题及社会管理进行了调查研究，在此基础上，还需要对农民工社会管理基本特征、存在问题及演变方向一一展开论述。本章首先从农民工社会管理的现实需求和实践考察出发，深入分析了农民工社会管理的现状，以及存在的问题和困境，最后阐述了农民工社会管理的发展方向。

4.1 农民工社会管理的历史演变

一个基本事实是，我国农民工正在经历由城市“入侵者”向“新市民”的转换、其社会管理格局也由原来的各自为政向社会协同转型。然而，由于其城乡隔阂仍然存在、城乡二元分割体制还未打破、农民工社会管理机制还不成熟等原因，导致我国农民工社会管理工作还面临困境，这是当前农民工社会管理最大的现实。

4.1.1 农民工社会管理的现状

城市政府作为管理机构，会对涌入城市的农民工进行流动人口管理。最初，这些管理部门按管理目标划分，大致可以划分为三种类型①：一是以维持秩序为主要目标的部门，如民政、公安等，以保障市民就业和城市内部稳定为前提，坚持计划导向，通过收容遣送“三无人员”（无合法证件、无合适工作、无固定住处的人）、行政审批、招工配额等对进城农民工进行计划调控。二是以追求经济效益为主要目标的部门，如工商管理、粮食、税务等部门，这些部门坚持市场导向，认为农民工进城有助于活跃市场、搞活经济，既规范了市场秩序，又获得了可观的税费收益，对农民工持宽容和支持的态度。三是既追求秩序同时也注重经济效益的部门，如计划生育、市容、交通、城建等部门，它们一方面通过行政审批和行政处罚获得经济收益，另一方面又承担着维护“保障辖区安全和公共秩序”的责任。

这些对农民工进行管理的部门，因部门利益不同和主张不同，不同地区及不同层级之间也存在着分歧。就地方政府而言，输入地政府部门往往从维持地方稳定出发，要求各地严格控制流动、保障流动秩序，特别是对于东部沿海地区而言，地方政府认为外来人口的涌入阻挡了本地农民向城市转移的渠道，加剧了本地劳动力市场的供求矛盾、扰乱了本地秩序。而对于劳动输出地区（农村），地方政府认为农民工流动有利于搞活农村经济、转移农村剩余劳动力，很多地方政府每年都用外出务工回流收入来作为地方经济发展的一项重要指标，外出务工被视为一种有效促进地方经济发展的手段。对于企业而言，他们往往从自身发展需要出发，希望借助流动降低劳动力成本、推动地方经济发展。不同部门、不同地区及不同层级不同的主张和管理目标决定了其在农民工社会管理中的不同表现的局面。

4.1.2 从“严格管控”到“逐步接纳”

曾经一度，农民工与“偷窃者、不守法者”等形象联系紧密，农民工是城市社会管理政策严格控制和防范的对象，这种社会管理模式是严格管控型的。但城市政府和市民的歧视与排斥并未阻止农民工的脚步，他们通过辛勤

---

① ［美］苏黛瑞：《在城市中争取公民权》，王春光、单丽卿译，浙江人民出版社，2009年版。

劳动和艰辛付出逐步赢得了城市社会的尊重和认可。在相当长一段时期内，农民工主要在环卫、建筑、采矿、搬运、修理等脏、苦、累、险的行业工作，而这些一般是城市人不太愿意做的，所以也基本上与城市市民不存在就业上的竞争。但20世纪90年代中期以来，企业与地方经济发展对农民工的需求越来越强烈，尽管市民对农民工还存在歧视和排斥现象，但农民工在他们的生活中已经越来越重要了，农民工社会管理也开始经历从排斥到接纳的巨大转变。2004年，中央“一号文件”指出，“农民工是中国工人阶级一个重要组成部分”，至此，农民工开始有了“新产业工人”、“新型工资劳动者”等新的称号。2006年8月，西安市雁塔区宣布，“农民工”等称号将从该区正式文件与口头称呼中消失，他们在就业、生活、社会保障等方面与市民享受同等待遇，被称为“新市民”。此后，一些城市纷纷放宽对农民工进城定居、落户的限制，这意味着农民工社会管理已经转型。①

4.1.3 从“计划”到“放开”

早期的农民工社会管理体制具有明显的计划行政管控色彩。在这种体制下，农民工被当作了城市发展的后备劳动力。他们被鼓励向城市流动时，通常也是城市劳动力供应不足时；他们重新沦为被限制流动的对象时，通常也是城市经济不景气或就业压力加剧时。与之相适应，农民工社会管理方式也就长期以限制为主。具体体现在：一是企事业单位招用农民工有行政许可和用工配额制度的限制。如1986年国务院《国营企业招用工人暂行规定》要求从农村招工须报省级人民政府批准；1991年国务院《全民所有制企业招用农民合同制工人的规定》要求“企业招用农民工必须在国家下达的劳动工资计划之内”；二是通过农民工的自由流动由证卡制度限制。1994—1996年间，相关部门先后出台了4个专门针对农民工进城就业的证卡管理制度。根据这些制度，农民工除持“身份证”外，还须办理“就业证”、“务工证”、“流动人口婚育证”和“暂住证”才能在城市就业；三是通过城镇就业分类制度排斥、清退农民工。根据这一制度，行业工种就被分为3类，即可以录用外来劳动力的“A类”、调剂使用外地劳动力的“B类”和禁止录用外来

① 田北海：《农民工社会管理模式转型与创新路径探讨》，《华中农业大学学报》，2011年第2期。

劳动力的“C类”。相关城市开展了大规模的“腾笼换鸟”行动，以清退在C类或B类部分岗位上工作的农民工①；四是对无业或失业农民工进行遣返。1995年，《公安部关于加强流动人口管理工作的通知》要求各地清理“盲流”，此后，北京等地纷纷出台“收容遣送办法”类清理无业游民。到2000年，全国每年有100多万人被收容遣送回原籍，其中有相当一部分是进城农民工。②

新世纪以来，随着农民工社会管理目标的转变，农民工社会管理方式开始从限制向服务转变。2003年，国务院办公厅发文首次提出要做好农民工就业服务工作，明确提出要取消对农民工进城务工就业的不合理限制、切实解决拖欠和克扣农民工工资问题、改善农民工的生产生活条件、做好农民工培训工作、多渠道安排农民工子女上学。同年，相关部门陆续出台了关于做好进城农民工子女义务教育和农民工培训工作的系列文件。近年来，中央“一号文件”连续多年提出要扶持农民工就业、改善农民工就业环境、保障农民工合法权益，国务院及相关部门亦多次就农民工就业培训、劳务输出、职业介绍、咨询服务、市场完善、社会保障与公共服务等事宜出台更具操作性的文件，无论是劳务输入地，还是劳务输出地政府，都要积极采取各种措施帮助农民工改善就业、居住与融入环境。

4.2　农民工社会管理的现状研究

4.2.1　通往科学管理之路任务艰巨

长期以来，虽然农民工的数量急剧增长，但农民工自身以及社会各界对农民工的社会管理意识非常淡薄。究其原因主要有两个方面：其一，农民工自身社会管理意识缺乏。由于生活的贫困和收入上的差距，农民进城找工作，往往只是为了增加收入，以解决基本生活问题。由于农民工社会管理是一种跨时代的决策，政策上具有一定的滞后性。因此，农民工对解决是眼下生活实际问题的考虑多过于对参与社会管理的考虑。其二，社会和企业为了降低用工成本，在很多方面没有考虑到农民工的实际需要，在农民工社会管

① 蒋月：《中国农民工劳动权利保护研究》，法律出版社，2006年版。
② 李培林：《农民工——中国进城农民工的经济社会分析》，社会科学文献出版社，2003年版。

理方面尚缺乏制度层面的保障，农民工从中得到的实惠也较少。近年来，尽管中央出台了一系列政策措施，以期改善农民工就业环境，解决对其的权益保障问题，但从机制上还没有彻底解决。农民工仍处于弱势地位，侵犯其劳动权益的现象严重；劳动强度大、时间长、作业条件差，虽然有些农民工知道与自身利益相关的法规和政策，但在维护自身权益过程中，有时也不得不忍气吞声、望洋兴叹；再者由于维权道路的漫长以及其他方方面面的原因，使得真正依靠法规和政策去处理此类问题的并不多，大多时候都是通过非法律手段、非正规途径进行调解私了或不了了之。

4.2.2 农民工社会管理处于两难境地

一方面，国家非常需要农村剩余劳动力为城市经济增长引擎添油加料①，增添城市经济活力；另一方面，管理部门又担心难以承受“民工潮”给城市设施与公共服务、治安与稳定带来的巨大压力及其社会成本。因此，在改革开放的前20年内，农民工社会管理呈现出鲜明的计划调控特征：当经济增长加速、城市劳动力供给不足时，国家就放松对农民工进城的限制；当经济开始紧缩、城市就业形势严峻时，国家就会重新限制农民工进城。比如1983—1988年是我国经济体制改革启动期，城市对劳动力的需求增加，国家相关政策开始解禁，先后出台了允许农民自带粮食户口进入城镇务工（1983）、准予有固定住所、有经营能力或在乡镇长期务工的农民转为非农户口（1984）、允许农民进城开店设坊、兴办服务业（1985）和允许国有企业从农村招工（1986）的一系列规定。② 1988—1989年，我国迎来第一轮“民工潮”和经济秩序整顿期，为减轻农民工异地流动对城市的冲击，相关部门又先后发出了“严格控制民工外出”和“控制民工盲目外流”两个通知。1992—1997年，我国经济步入快速发展轨道，乡镇企业异军突起，城市劳动力供给不足，国家又相继出台了一系列鼓励、引导农民工有序流动的宏观调控政策。1998年，当城市面临民工潮、城镇新增劳动力就业、下岗失业人员再就业“三峰叠加”的严峻形势时，一些城市对招用农民工再次出台了限制

① ［美］苏黛瑞：《在城市中争取公民权》，王春光、单丽卿译，浙江人民出版社，2009年版。

② 陆学艺：《重新认识农民问题：十年以来中国农民的变化》，《社会学研究》，1989年第6期。

性规定。而进入 21 世纪以来，农民工社会管理目标发生了根本性的变化：自 2000 年开始，国家及相关部门先后出台了促进劳动力输出产业化、保障农民工合法权益、改革城乡分割体制、取消对农民工进城不合理限制的一系列文件；2002 年，党的十六大进一步指出“农村富余劳动力非农产业和城镇转移是工业化和现代化的必然趋势”，标志着农民工社会管理政策在由制约向扶持的全面转型；2008 年，中央“一号文件”提出“加快大中城市户籍制度改革，探索在城镇有稳定职业和固定居所的农民登记为城市居民的办法”，标志着我国农民工社会管理目标开始朝全面促进发展，并融入了根本性的转变。

4.2.3 农民工社会管理存在制度困境

现阶段对农民进城就业的限制、歧视问题已经基本解决，城市公共就业机构开始为农民进城就业服务，但劳动市场信息不畅通，市场二元分割，劳动合同签约率低，尚未建立应有的市场秩序，农民工合法权益受损害的问题较为普遍地发生。农民工对生活环境的适应性很强，尽管大多数人的生活环境很差，一些农民工要求在就业城市定居，一些企业也要求把优秀农民工留下来，但现有户籍制度，只容许投资移民、技术移民，却不许在城镇就业多年的农民工迁移定居成为真正的市民。部分城市的居住积分制度虽然对农民工融入城市、获取城市户口利好，但条件限制较为苛刻，未能真正达到政策的初衷。从城市化发展的历史来看，我国城市市民绝大多数就是由农民转变而来的，他们收入低、居住差、受到歧视，但不妨碍其成为市民。过去的产业工人就是今天所称的农民工，而现在农民工转变为稳定的产业工人和市民却存在制度的障碍。一些地方提高农民进城的门槛，城市没有低收入农民工的居住区。一些地方讲的城市化，是市场开放、社会封闭的城市发展，只让农民进城打工，把所创造财富的相当部分贡献给企业、城市，却不许他们成为城市市民。这只能导致城乡差距的扩大，并加深城乡二元经济结构的矛盾。同时，城市和发达地区缺乏稳定的产业工人，缺乏有技术积累的农民工，严重影响产业提升竞争力。

农民工在进城就业中要向产业工人和城镇市民转变，一个重要条件就是社会保障由依托土地向社会保险的转变，但现有的社会保障却极少覆盖农民工。对于农民工需求迫切的工伤保险、医疗保险，目前政策覆盖率极低，再加之户籍制度不许他们定居城市，这无疑把农民工的养老问题推还给了农村。实际上，越来越多的农民工已经不可能再回去了，即使回到农村，他们也很难回到农业上，这些都孕育着农民工生活保障的潜在危机①。

4.2.4 社会对立与失衡频发

早在改革开放以前，中国特色的户籍制度就造就了“城乡分治，一国两策”的管理格局。在城乡分治格局下，市民与农民工在社会地位方面呈现出显著差异，前者享有退休养老保障、低价粮油副食供应、福利住房与住房补贴、就业统包统分、义务教育设施财政补贴等福利待遇，后者则是自养自食、集资办学、自建自管、自费看病等解决、粮油副食、住房、教育和医疗问题②。这样的现实就造成了社会的对立，城市市民将农民工视为“入侵者”，加上“民工潮”与犯罪率上升的高峰叠加，农民工进城很快就被市民视为是城市失序的根源所在。

农民工群体面多人广，流动性较强，农民工进城带来了发展活力，同时也使城市社会治安、稳定面临新的情况和问题。农民工作为城市产业工人和常住人口的重要部分，应得到与城市户籍人口同样的安全和权利保护，但他们往往被看作不安定因素和被防范、管制的对象，管理者在治安的名义下损害他们的公民权利，形成了一定程度上社会管理与农民工的对立。使农民工群体处于要么被管制、要么失去管理的状态。其实，城市社会犯罪率的上升与人口流动的关系是非常复杂的，虽然在现实中也存在一些农民工作案的情况，但这毕竟不是全部。面对这种情况，政府的社会治安管理要正确处理好与农民工的关系，融入城市社会，积极参与社会管理。

由于农民工在城市缺乏表达利益要求的相应渠道，因此在社会政策制定、利益关系协调中可能存在对其忽视或伤害的现象。公民的选举权利与户口相联系，农民工在居住、就业的城市没有选举权和被选举权，他们就不能参与民主选举、民主管理和民主监督。这就从客观上导致了这个顺民意、得民心、为民办事的“民”，主要是或只是本地户口、有选举权的居民，没有

---

① 宋向峰：《试析新形势下农民工的社会管理问题》，《中共石家庄市委党校学报》，2006 年第 6 期。

② 陆学艺：《走出“城乡分治，一国两策”的困境》，《读书》，2000 年第 5 期。

包括农民工，造成了政策制定、利益关系协调失衡的体系和机制。也就不难解释为什么有些政策、规章制度的出台，是以损害农民工权益为代价，一些行政部门对农民工权益受损害置若罔闻，甚至有失公正的现象了①。大量事实表明，在新形势下，对进城农民工社会管理中存在的矛盾和问题，其负面影响或危害是多方面的，影响也是深远的。

4.2.5　农民工难以融入城市

随着工业化的推进，经济结构的转变，进城农民工在职业转变中大规模地向城市市民转变已经成为必然；而城市较高的经济收入、较丰富的文化生活、较多的发展机会也在吸引以年轻人为主的农民工迅速向市民转变。但他们与乡村仍有亲属、土地和社会关系的联系。农民工从乡村有土地保障的熟人社会过渡到城市风险较多的陌生人社会是一个很大的跨越。要实现这一跨越，农民工自身需要克服“安土重迁”的传统影响，需要适应非农产业生产的要求。大约有60%的农民工只需要进厂工作半年就能达到香港普通产业工人的技术操作水平，但还要通过对技能、经验的积累，以及更多文化、法律、城市社会知识、社会交往的积累才能逐步适应城市生活方式。对于大部分进城农民来说，这个再社会化的过程虽不是轻而易举，却还是可以通过努力完成的。然而，由于过度延长劳动时间，疲劳作业，又缺乏相应的培训，农民工的学习机会很少；加上二元分隔，严重阻碍了农民工与市民的沟通，阻碍了农民工向市民的转变。

4.3　农民工社会管理存在问题与现实困境

4.3.1　农民工社会管理存在的问题

从当前现状来看，一方面农民工对经济发展做出了巨大的贡献，在一些地区已经成为了产业工人的主力；一方面普遍受到歧视，农民工很难转型为城市市民，无法充分保障自身权益。两相比较的结果必然将这一问题导向我国目前的社会管理制度，就农民工社会管理目前存在的问题而言，作者认为

---

① 宋向峰：《试析新形势下农民工的社会管理问题》，《中共石家庄市委党校学报》，2006年第6期。

主要有以下几个方面：

（1）就业歧视。虽然对农民进城就业的限制已经基本取消，企业用工市场化，城市公共就业机构也开始为农民进城提供就业服务。但劳动力市场信息不畅通，市场二元分割，劳动合同签约率低，监管失范，尚未建立应有的市场秩序，农民工合法权益受损害的问题仍较为普遍。

（2）劳资矛盾频发。在劳资关系中农民工处于弱势地位，侵犯农民工劳动权益的现象时有发生。

（3）公共服务严重不足。城市的发展规划大多未把农民工的住房、子女教育、医疗卫生等需求纳入公共设施建设之中。在子女教育、妇幼保健、社会保障等方面，存在着制度性的歧视。义务教育阶段的农民工子女进公办学校，多需额外缴纳费用。有的城市向所有企业收取妇幼保健基金，但也只对城市户籍女职工提供保障，女性农民工得不到同等的公共服务，造成严重的社会歧视。

（4）社会保障缺失。农民在进城就业中向稳定的产业工人和城镇市民转变，一个重要条件是社会保障由依托土地向依托社会保障转变，但社会保障极少覆盖农民工。农民工需求迫切的工伤保险、医疗保险、养老保险，目前也仅覆盖少数农民工。

（5）农民工融入障碍。城乡二元分离，阻碍了农民工与城市市民的融合，缺乏社会保障、合法权益受损害、权利不平等、迁移制度限制等，阻碍了农民向市民的转变。

（6）社会组织发育不健全。城市基层社区尚未完成由封闭到多元开放的过程，由于多数城市基层社区受二元户籍制度影响，其社会组织、社会活动、社会服务是不吸纳农民工的，工会组织尚未深入农民工，起到有力维护他们合法权益的作用。

（7）二元户籍制度阻碍。农民工在城市没有参与社会管理的权利，缺乏表达利益要求的渠道，导致在社会政策制定、利益关系协调中对他们的忽视或伤害，导致有些政策、规章制度的出台，是以损害农民工权益为代价，一些行政部门对他们的权益受损害置若罔闻，甚至有失公正，他们在城市居住、教育的难题被置之度外。

综合来看，进城农民工社会管理中存在的矛盾和问题，其负面影响和危害是多方面的。一是农民工的就业权益、经济权益、社会权益受到损害，影响就业环境改善和社会安定。二是农民工不能转变为稳定的产业工人，不能有效地积累技术和经验，影响生产效率和竞争力，而且中断农民变市民的进程，不利于城市化的健康推进。三是农民只能进城暂时打工，出卖廉价劳动力，年纪大了退回农村，不利于以工业化、城市化发展带动农村富余劳动力的彻底转移和“三农”问题的根本解决①。四是农民工在城市缺乏参与社会管理的权力，没有利益诉求的渠道，导致在社会政策制定、利益关系协调中对他们的忽视或损害。更多的农民工选择集体上访、越级上访、上街游行等方式，甚至采取非正常手段让政府引起重视和给予解决，给城市社会治安造成不稳定因素。② 总之，农民工的社会管理涉及多方面的制度改革、利益关系调整和管理体制以及方式的转变，待须综合推进社会管理创新。

4.3.2　农民工社会管理的现实困境

基于二元结构背景，辨析农民工社会管理的诸多问题，深刻反思背后的深层次原因，当前农民工社会管理的现实困境主要体现在以下几个方面。

（1）城乡隔阂仍存，社会管理观念滞后的理念认识困境。

城乡隔阂既源自于城市方面，也源自于农民工自身。源自于城市的隔阂表现在城市对农民工经济上吸纳、文化上歧视、社会上排斥，导致农民工难以真正融入城市。调查显示，多数市民可以接受农民工成为自己的同事、邻居、朋友甚至老板，但难以接受其成为家庭成员；尽管市民高度认同“农民工干了城市人不愿干的脏活、重活、危险活”的说法，但对其评价总体上还是普遍偏下；尽管市民赞同农民工应该与市民一样同等享受医疗保险、子女义务教育，参加工会和人大选举，但他们并不认可农民工同等享有失业救济低保和廉租房。另一方面，源自于农民工方面的隔阂表现为农民工的自我隔离心理、身份认同底层化和被剥夺意识，这些都加剧了农民工社会管理难度。对四川省农民工的调查显示，农民工与市民的交往仅限于工作接触和日常生活中的点头之交，缺乏深层次沟通。调查还显示：0.1%的农民工认为“城市人很排斥外来打工者”，6.6%的农民工认为“这个社会对农民工很不公平”，51.2%的农民工认为自己“在城市低人一等”。这些情绪都很容易引

① 佘志云、兰小玲：《加强和改善农民工的社会管理》，《前沿》，2007年第6期。

② 王中强、于孝安：《农民工社会管理的转变和制度创新》，《理论学习》，2007年第2期。

发农民工对社会的不满甚至是反社会行为，从而影响社会稳定发展；再有就是党政管理部门，他们的城市本位意识挥之不去，以人为本的观念不强。农民工社会管理仍然存在“重强制手段、轻引导机制，重行政干预、轻群众参与，重上级命令、轻基层民主，重管控防范、轻扶持服务，重对领导负责、轻对百姓负责，重经济效益、轻社会效益”的种种倾向[①]。这是由于党政部门对社会协同管理的认识不够深刻。虽然，当前的民间农民工组织多为“草根组织”，它们主要承担着为农民工维权的功能，但其维权活动与地方政府偏重经济发展的政策方向存在着一些不协调，甚至是利益冲突，因此，地方政府始终不愿为民间组织提供实质性支持，同时，地方工会组织亦因为担心民间组织在争取群众与政府支持方面与之形成竞争而试图尽量淡化其作用。[②]调查显示，当农民工自身权益受到侵害时，有20.4%的农民工选择沉默；有5.9%的农民工选择暴力解决；当有人主张集体维权时，有19.0%的农民工选择观望，16.0%的农民工选择“参与但不出头”，还有5.2%的农民工选择“无论如何也不参与”；仅有20.3%的农民工参加过城市小区的集体活动，3.8%的农民工主动参加过小区集体活动。

（2）城乡二元分割体制尚未打破，农民工社会管理制度性歧视仍然存在的体制建设困境。

当前，农民工进城就业的制度歧视问题已经基本解决，完善农民工社会保障已经成为社会共识。然而，由于户籍制度及与之相关的等级社会制度仍然存在并在发挥作用，农民工仍然面临着诸多制度性排斥。一是农民工权益保障制度缺失，虽然农民工被视为新型产业工人，但他们在住房、医疗、教育、社会救助等方面的权益保障仍然缺乏明确的制度安排。由于制度缺失，他们不能像城市人一样享受保障性住房，他们的子女需要交借读费、赞助费才能进公办学校，他们无法拥有与城市人口同样的“国民待遇”。因为农村户口，使农民工本来就艰难的生存状况面临更大的困境，就业、收入、社保、政治参与和子女教育等方面的问题均长期遭受不平等待遇。二是农民工权益保障制度软化。农民进城务工主要从事的是城市市民不愿从事的收入

---

① 刘春湘、李自如：《城市流动人口管理探讨》，《中南工业大学学报：社会科学版》，2002年第2期。

② 岳经纶、屈恒：《非政府组织与农民工权益的维护》，《中山大学学报：社会科学版》，2007年第3期。

低、工作环境差、劳动强度大的临时性工作。据调查，流动人口月均收入在1000元以下的占90%以上，其中有接近45%的流动人口月收入在500元以下。然而，即便如此低的工资水平，农民工仍然是被拖欠工资最为严重的群体。由于农民工普遍法律意识淡薄，求职赚钱心切，使得一些黑心中介及雇主趁机钻营，不履行正常的法律程序，不与之签订正规的劳动合同，欺骗、盘剥农民工的现象屡禁不绝。近年来，尽管中央三令五申，要求各地切实保障农民工权益，相关部门亦出台了制度性文件。然而，由于对国内生产总值（GDP）崇拜的根深蒂固，一些地方政府重投资者利益、轻农民工权益，重投资环境优化、轻劳动环境改善，重降低劳动力成本、轻提高劳动者收入，导致农民工与城里人“同工不同酬”、“同工不同时”和“同工不同权”。用人单位用工不规范、拖欠农民工工资、侵害农民工合法权益的现象大量存在，农民工权益保障制度形同虚设。尽管我国《工会法》明确规定“维护职工合法权益是工会的基本职责”，但工会的作用还是没有充分发挥出来。一方面，企业工会对投资方具有较强的依附性，不能很好地代表农民工的利益与资方谈判；另一方面，工会对农民工的覆盖率一直不高。许多农民工聚集的小企业、小作坊则根本没有成立工会，也就无从谈起通过工会维权，不少企业依然将农民工排斥在企业工会之外。更关键的是，农民工对企业工会缺乏认同感。[①] 当发生劳资纠纷时，企业工会不能很好地维护农民工的权益，这自然降低了农民工对企业工会的认同，这就形成了尴尬的制度困境。

（3）农民工自身素质偏低，教育培训资源供给不足的人力资本困境。

由于农民工自身的素质限制，再加上缺乏相应的培训，导致他们大多只能提供较低层次的劳动力，在劳动力资本的质量方面大打折扣。农民工及其子女没有公平分享城市培训和教育的权利，可是作为最需要新知识、新技能的农民工群体，很难享受到免费培训和学习的权利，而城市职工则大多能得到在岗培训或下岗之后再就业培训的机会。尽管城市里有很多岗位对与之相适应的劳动力素质提出了技术方面的要求，但农民工大多难以适应这样的技术要求，因此出现了“大量岗位空缺，招不到人，而大量农民工又找不到工作”的岗位不匹配现象。究其原因，就是人力资本困境问题，农民工作为城市人力资本其技能水平还不足以适应城市的发展。此外，多数农民工较低的

① 胡杰成：《农民工权益保障：加强社会管理的重要任务》，《中国经贸刊》，2011年第20期。

劳动报酬，把他们排斥在自费培训的体系之外。此外他们还需要考虑子女受教育和改善下一代的生活和教育环境的问题，但高额的教育费用、自身工作的流动性及公共教育资源的局限性使农民工子女教育面临一系列困境。

（4）农民工社会管理的表达与反应机制的制度困境。

为更好地推动农民工社会管理，2004年以来，中央政府开始积极推动农民工加入工会组织。然而，由于企业工会对企业的依附性，导致一些工会的农民工参与率与认可度“双低”，一些企业工会沦为“空壳工会”。在这一背景下，一些农民工自发成立了以地缘为纽带的维权组织。然而，这类组织普遍缺乏政府认同、内部管理又不够规范，容易成为影响社会稳定的不良因素。农民工亟须表达自己利益诉求的有效渠道。另外，农民工社会管理的协调与兼顾机制尚未形成。在我国，由于区域发展不均衡，农民工跨区域流动占了很大比例。跨区域流动为农民工社会管理提出了一系列难题，比如：如何协调好农村与城镇、农民工输出地与输入地之间的利益关系；如何实现对农民工社会管理与服务的区域衔接，等等。目前，这些问题还未得到有效解决，从而导致农民工遭遇社会保障权益无法落实和多重管理与管理真空并存等问题。

4.4 农民工社会管理的重点与发展方向判断

综合农民工社会管理的现状、问题与困境，为了有效推进农民工社会管理的创新，本书认为农民工社会管理的重点与发展方向主要在于以下几个方面。

4.4.1 促进沟通融合，创新农民工社会管理观念

首先，要动员社区力量，促进市民与农民工沟通融合，消除隔阂。空间隔离理论认为，分布在城市不同空间区位上的不同社会阶层之间如果缺乏交往，就会形成社会隔离。从这个意义上讲，市民与农民工存在隔阂，与城乡分治背景下二者之间长期缺乏交往不无关系。群际接触理论认为，群际接触是减少偏见、改善群际关系的有效策略。据此，加强农民工与市民的沟通，有助于促进两者之间的理解与融合、消除歧视与偏见。农民工形象由“入侵者”向“新市民”的逐渐转变证明，随着农民工与市民社会互动的深入，

市民对农民工的接纳程度在不断提升。因此，要充分动员社区力量，将农民工纳入到社区管理与服务体系，动员组织农民工与社区居民共同参与文体活动与公共事务，促进其互助互信、共存共融。

其次，要强化公民理念，全方位接纳农民工。农民工是工人阶级的重要组成部分，是调整农村产业结构、推动城市化、工业化的生力军，作为中华人民共和国公民的一员，理应享有和公民同等的权益，与城市市民“同权”。当前，相当一部分农民工已在城市定居，成为事实上的城市“常住人口”，相关部门不仅要在经济上接纳农民工，还应充分保障农民工的社会权利。

再次，要强化合作意识，进一步完善党委领导、政府负责、社会协同、公众参与、法治保障的农民工社会管理格局。一方面应坚持党委领导、政府负责不动摇；另一方面，要正确认识民间组织在农民工社会管理中的积极作用，加强政府组织与民间组织、官方工会与民间维权组织在农民工社会管理与服务中的分工合作。此外，要加强对农民工的公民教育，强化其主人翁意识、参与意识和自我保护意识，引导其进行自我管理与自我服务。

最后，要增强对农民工的人文关怀，促进农民工与城市社会的尽快融合。农民工市民化是一个很大的跨越，也是农民工学习、适应和再社会化的过程。农民工市民化不仅包含了农民工在生活观念、思想方式、行为习惯、社会组织形态方面的转化，也包括了农民工户籍变动、产业转移和地域的迁徙等。更重要的是，要提供有利于农民工与城市进行互动和交往的社会制度和文化环境，要大幅度增加农民工收入。尊重农民工社会管理的参与权，给农民工选举权和被选举权，使政府的政策更广泛地反映农民工的诉求，增强农民工的主人翁意识。加强对农民工的教育和培训，使农民工学习更多的文化、法律、技能和城市社会知识，增加社会交往，适应城市生活方式。要引导广大进城农民工，牢固树立主人翁意识和自我保护意识，自觉维护公共卫生、提升自身形象，真正成为现代的“城市人”①。

4.4.2 打破城乡分治格局，消除农民工社会管理制度歧视

首先，要进一步改革户籍制度，打破城乡分治格局。农民工融入城市过程中所遇到的种种障碍，根源于尚未进行根本性改革的户籍制度以及由此形

---

① 王中强、于孝安：《农民工社会管理的转变和制度创新》，《理论学习》，2007年第2期。

成的城乡分治格局。① 要让农民工真正融入城市，就必须打破这种格局，彻底消除因户籍差别而造成的社会不平等。让社会管理制度与户籍制度脱钩，将城镇常住农民工与户籍人口都同等对待。

其次，要进一步完善农民工权益保障制度，切实保障农民工社会权益。一方面，要进一步完善农民工就业培训和子女教育制度；另一方面，要在尊重农民工意愿的基础上，本着公平、合理、高效的原则，为进城农民工的养老保险、医疗保险、妇幼保健、住房保障、社会救助与公共服务做出制度安排，并将之纳入城市社会事业发展规划，纳入政府财政预算。

最后，要加强监督，确保农民工权益保障政策落到实处。要加强对企业规范用工的监管力度，确保相关企业农民工生产安全有保障、工资无拖欠、保险全到位；严厉打击违规用工、虐待农民工、拖欠工资等行为。

4.4.3 以人为本，促进农民工社会管理模式转型

农民工社会管理要体现“以人为本”的科学发展观就要以破除城乡二元体制为目标，渐进式的改革户籍管理制度。要保证农民工能够真正享有与城市居民同等的待遇，就必须彻底破除城乡二元分割体制所造成的身份歧视，从体制上消除农民工进城务工的障碍，帮助和引导农村劳动力合法有序的流动。但是，由于现行户籍制度已经实施多年，国家安全部门和行政管理部门对这套制度已经形成依赖，并且基于维护社会稳定，防止城市人口爆炸性增长等原因，要彻底消除现行户籍制度及其产生的各种负面影响还是一项长期而艰巨的任务。按照放开小城镇，积极发展中小城市，适度控制大城市和谨慎对待特大城市的基本原则，循序渐进地改革和完善现有的户籍制度，直至农民工在城市享有同等待遇，享受平等的权益保障与公共服务，成为可行的选择；此外，还要构建开放的农民工社会管理平台，转变城市本位的旧观念，促进农民工本地化进程。农民工已经成为城市发展不可替代的力量，他们为流入地的城市建设和经济文化事业发展做出了巨大贡献，但同时，他们也的确在挑战着流入地的社会治安、计划生育、公共设施和资源承载的能力。于是，就有城市人把城市交通拥堵、就业压力大、房价增长快等问题的原因都归结于农民工的存在，使得“社会性排斥”现象日益严重。但事实

① 蔡昉：《劳动力迁移的两个过程及其制度障碍》，《社会研究》，2011 年第 2 期。

上，“富裕人口比贫困人口对资源的压力更大”。城市的社会管理部门受传统二元制思路的影响，过分强调农民工带来的负面影响，对农民工实行单纯管制的管理方式，导致了农民工群体的逆反，甚至仇视心理，反而容易使矛盾激化，误解加深。早在1954年9月20日第一届全国人大一次会议通过的《中华人民共和国宪法》第90条第2款就有明确规定：“公民有居住和迁徙的自由”。城市原有居民应从社会公正和公民权利的前提出发，坚持以人为本的原则，消除对农民工的歧视和偏见，承认农民工对城市建设做出的巨大贡献，树立与农民工共享建设成果的理念，从心理上真正接纳农民工，积极促进人口融合。①

4.4.4 完善法律法规体系，维护农民工的合法权益

因为农民工从事的工作具有较强的流动性和临时性，如果单纯的把农民工的社会保障问题纳入城镇社会保障体系或农村社会保障体系，会导致不仅管理难度大，而且由于受到区域性限制，农民工个人参保的积极性也会受挫，成本增加。为了解决农民工保险费用的累积和转移，确保他们在各个城市之间流动和回乡后能够享受到保险带来的各种权益，建议在全国范围内建立统一的、跨区域都可以识别的个人社会保障卡号，使越来越多的农民工切身体会到参保的好处，以此来带动广大农民工群体参保的自觉性，从而推动社会保障工作顺利开展；同时，要发挥城市社区的服务功能，需要坚持人本管理模式。作为城市生活中最底层的边缘人，“命令和强制”充斥着农民工的整个工作和生活过程。而作为城市中基层管理单位的社区，应该发挥其对农民工的服务功能：组织免费的就业培训，协调农民工子女就近读书，主动对社区内务工的农民工进行登记，开展社区内城市居民与农民工的联谊活动，普及法律及社会保障知识，实现个人与社区群体和社区环境的良性互动，从而增强农民工对社区及城市的认同感；当然，进一步完善法律法规体系，监督落实法律法规的执行情况，才能维护农民工合法权益。政法机关和劳动监督部门应该严厉打击各种侵害农民工合法权益的行为，设置专门部门，加强对用人单位的劳动合同、安全卫生、劳动时间、工资报酬、社会保

① 宋林霖、孙宝民、李之贵：《加强农民工社会管理问题探析》，《中国农垦》，2006年第8期。

障及福利的监督检查，逐步形成完善的保障体系，维护农民工的合法权益。①

4.4.5 整合资源，建立农民工社会管理的长效机制

首先，整合关系资源，完善农民工社会管理协调机制。一方面，要协调好农民工输入地与输出地之间的责任关系，按属地原则确定对农民工社会管理与服务责任分担机制；另一方面，要协调农民工输入地与输出地之间的利益关系，建立全国统筹的社会保障体系，以彻底解决农民工社会保险异地转移难、待遇无法落实的问题。

其次，整合信息资源，完善农民工利益表达反应机制。党和政府要积极加强流动农民工动态信息管理，了解农民工生产、生活现状，关注农民工诉求；要充分发挥民间组织的作用，引导农民工以合理形式表达利益诉求，妥善处理各种社会关系；要加强与各种民间组织的交流，对农民工反映的问题依法做出及时合理的反应机制。②

最后，要鼓励农民工和城市居民一起参与社会管理。自改革开放以来，随着社会主义市场经济的建立，公民的民主意识、维权意识、法制意识和参与意识不断增强。在中国社会转型中，全能政府正向有限政府转变，如何做到执政为民、科学执政、依法执政、民主执政，公民参与必然成为当代社会管理中不可缺少的环节。因此，要求农民工和城市居民一起参与社会管理是提高公民素质、增强其政治责任感的需要；农民工与城市市民一起积极参与社会管理，还可帮助其逐步掌握参与社会管理的程度和技巧，熟悉相关法律法规，也才能真正地融入城市。

4.5 小结

综上所述，在农民工社会管理的现实需求与实践考察方面，尽管不同部门的主张不同，不同地区及不同层级之间也存在着分歧，但总体来看，农民工社会管理方式开始从限制向服务转变的过程，显示出了我国在改善农民工

① 宋林霖、孙宝民、李之贵：《加强农民工社会管理问题探析》，《中国农垦》，2006 年第 8 期。

② 郑杭生：《社会学视野中的社会建设与社会管理》，《中国人民大学学报》，2006 年第 2 期。

就业环境、保障农民工合法权益，农民工就业培训、劳务输出、职业介绍、咨询服务、市场完善、社会保障与公共服务等方面已经有了很大的改善。但是，就当前现实情况来看，农民工自身及社会各界的社会管理意识比较淡薄，农民工受户籍制度限制权益受损格局难以破解，农民工社会保障覆盖率低的情况还将持续，缺乏农民工利益表达机制和矛盾调处体制的现状难以扭转，等等。这些问题都是与社会发展大势和社会管理创新格格不入的。这就需要我们树立促进沟通融合、创新农民工社会管理观念；打破城乡分治格局、减少农民工社会管理制度歧视；全面贯彻“以人为本”的科学发展观的农民工社会管理创新；充分发挥社区的服务功能，完善法律法规体系，维护农民工的合法权益；建立农民工社会管理的长效机制，对农民工社会管理创新做出系统的分析与思考，等等。这些都是我们强化农民工社会管理创新的应对措施。

5

政府职能转变与农民工社会管理创新

我国现阶段正处于社会经济发展的重大转折点——“刘易斯拐点”，这意味着无限劳动力供给局面的终结，以及劳动力有限剩余阶段的开始，二元经济格局正逐步向一元转变。在此阶段，政府职能转变在农民工社会管理创新中必将发挥“引擎带动”的重要功能，具有“纲举目张”的重要作用。本章从政府职能转变对农民工社会管理的重要意义出发，研究了“刘易斯拐点”与劳动力格局变迁这个宏观背景，分析了政府职能转变与社会管理的关系这个基本逻辑，阐述了政府在农民工社会管理创新中的作用这个具体内容。

5.1 “刘易斯拐点”与劳动力市场格局变迁

“刘易斯拐点”最早由诺贝尔经济学奖得主阿瑟·刘易斯在人口流动模型中提出。他在其论文《劳动无限供给条件下的经济发展》中提出了自己的“二元经济”发展模式，他认为，现代工业部门的扩展需要劳动力的持续补充，其工资待遇方面的优势吸引着农村富余劳动力向非农产业的逐步转移，农村富余劳动力逐渐减少，最终枯竭，即劳动力过剩向短缺的转折点就是“刘易斯拐点”。1972 年刘易斯对“拐点”做了进一步的解释，形成了两个“拐点”，第一个“拐点”为劳动力由无限供给到劳动力短缺的交点；第二个“拐点”为：在农业发展之后，农村剩余劳动力进一步释放，现代工业进一步发展，为吸引劳动力而提高工资，直至传统农业部门与现代工业部门的工资相当，从而形成一个城乡一体化的劳动力市场，二元经济的劳动力剩余状态至此结束的点。两者内涵不同，但是又存在密切联系。目前国内所提的

"刘易斯拐点"其实是刘易斯第一"拐点"，我们所提的"刘易斯拐点"也是其第一阶段的"拐点"含义。"刘易斯拐点"的深刻含义不仅仅在于劳动力变动的启示，而是其关乎发展中国家经济社会发展的转折关口，是关于政治、经济、社会的一个综合性战略性命题，政府在这一转折点关口自然不能置身事外。对"刘易斯拐点"与劳动力市场格局变动进行研究的目的在于，得出劳动力供给状况的结论，给出农民工社会管理创新的宏观背景，为探讨农民工社会管理创新的必要性及政府作用提供理论和现实背景。

长期以来，城乡二元分割，生产要素不能自由流动，在计划经济时期由于缺乏激励机制，"大锅饭"盛行，农村积淀了大量剩余劳动力的问题并没有显现出来。但在实行家庭联产承包责任制后，农业生产的积极性被大大激发，农村剩余劳动力开始显现。据统计，20 世纪 80 年代农村剩余劳动力占农村总劳动人口的三分之一，达 1 亿之多。至 20 世纪 90 年代，乡镇企业吸纳了部分劳动力，但仍存在大量剩余劳动力，有学者测算当时大约有 1.7 亿农村剩余劳动力[①]。20 世纪 90 年代中期以后，随着非公有制经济的发展，特别是沿海地区外向型经济的快速发展，对劳动力的需求大大增加，加之束缚劳动力流动的制度障碍被逐步打破，从而开启了农村劳动力跨地区流动的"民工潮"，成为中国经济社会变迁的一个显著特色。这种劳动力的自发调节和平衡，既加快了欠发达地区农村的脱贫步伐，又极大地支援了发达地区的经济建设，为我国经济增长提供了巨大的人口红利，有力地推动了我国经济快速增长。但自 2004 年珠三角地区遭遇"招工难"问题以来，劳动力已从充分供给转换到了有限剩余。此后，"招工难"、"民工荒"问题愈演愈烈，劳动力短缺之势从珠三角、长三角等经济发达地区蔓延到安徽、湖南、四川、河南等劳动力输出内陆省区，形成了全国性的"民工荒"。"民工荒"受到社会各界普遍关注，成为中国社会各界纷纷关注和讨论的热点。学术界在思考民工荒背后理论命题的同时，也需要直面劳动市场格局转换的现实，从而推动农民工向城市市民的转换。对"民工荒"以及"刘易斯拐点"是否到来的讨论，近年来成为学术界讨论的重点。一种观点认为，农民工总体上是剩余的，受产业结构升级、农民工整体素质偏低等影响主要表现为结构性

---

① 蔡昉：《刘易斯转折点与公共政策方向的转变——关于中国社会保护的若干特征性事实》，《中国社会科学》，2010 年第 6 期。

问题，而“刘易斯拐点”是个伪命题；另一种观点认为，由于计划生育的长期实施，劳动力总量已经到了转折的关口，劳动力从充分供给向有限剩余转换，劳动力成本上升等种种现象足以证明“刘易斯拐点”的到来。

中国作为“世界工厂”和制造业大国，对劳动力的需求很大，但计划生育的长期实施已经导致了人口结构正在发生深刻转换，劳动年龄人口比重正在减少，而且农村剩余劳动力的转移已经基本完成。而在现有经济发展框架和模式内，无论是“民工荒”是总量问题还是结构问题，这一现象都将愈演愈烈，“刘易斯拐点”的到来都已经成为一个无可辩驳的正确命题。

5.2 政府职能转变与农民工社会管理的关系

我国正处于从传统社会向现代社会转型的关键时期，社会结构、区域结构和城乡结构正在发生深刻变化。社会结构变迁同社会流动和社会分化紧密相连，经济结构从传统经济形态向规模、集约、创新的方向转变，财富增加的同时驱动着产业结构升级和区域经济变动。这一特殊时期对政府转型提出了更高的要求：政府要从过去大而全转变为小政府、有限政府，从过去生产型政府转向服务型政府。最终推动政府治理的深刻转型，适应人民日益增长的物质文化需求，提供优质的公共产品和公共服务。党的十七届二中全会通过的《关于深化行政管理体制改革的意见》强调指出，深化改革要以政府职能转变为核心。《意见》同时强调，要全面正确履行政府职能，其中之一就是要加强社会管理，而农民工社会管理是其中最典型最重要的一个方面。环顾世界各国，在“刘易斯拐点”到来的历史时刻，都需要直面政府职能转变这个重大问题，我国自然不能例外。我们正面临的是从“全能政府”向“有限政府”和“服务型政府”的重大转向，这意味着政府职能转变，是对涉及农民工社会管理的理念、制度、方式等的变革。完成政府职能转变，对解决好农民工问题、保障农民工的合法权益、解决“三农”问题，都具有极为重要的意义。

就政府职能的内涵而言，是指政府在国家和社会中所扮演的角色及应起的作用。政府职能转变是指政府行政机关在管理社会公共事务中的职责和功能作用的转移、变化与发展，是对政府行政职责和行政功能的转变。政府职能转变涉及问题很多，如体制问题、机构设置问题、运行机制问题。我国政府职能转变的目标是实现政府职能向创造良好发展环境、提供优质公共服务、维护社会公平正义方面的根本转变。具体来说就是要做到以下几点：(1) 强化政府的政治职能。包括军事、外交、治安、民主政治建设等。(2) 转变政府的经济职能。包括宏观调控职能、提供公共产品和服务职能、市场监管职能。(3) 加强政府的文化职能。包括发展科学技术的职能、教育的职能、文化事业的职能、卫生体育的职能。(4) 开发政府的社会职能。包括社会公共服务、社会管理、社会保障等。政府职能转变中的经济社会管理方面有四项基本职能：改善经济调节、严格市场监管、加强社会管理、更加注重公共服务。由此看出，加强社会管理，既是政府社会职能的有机构成部分，也是政府职能转变的四项基本职能的重要方面，其重要性不言而喻。

就政府职能转变中加强社会管理而言，就是要强化政府促进就业和调节收入分配的职能、完善社会保障体系、健全基层社会管理体制、维护社会稳定等职能。胡锦涛同志指出："社会管理，说到底是对人的管理和服务，要坚持思想上尊重群众、感情上贴近群众、工作上依靠群众，把群众满意不满意作为加强和创新社会管理的出发点和落脚点。"① 他指出，加强社会管理，必须把加强社会建设和管理同推进经济社会协调发展紧密结合起来，充分保障和改善民生，让改革发展成果充分惠及全体人民作为重中之重。同时，推进基层民主建设、加强党的执政能力建设、把社会建设和管理提高到一个新的水平。农民工作为社会弱势群体，农民工社会管理作为社会管理中的一个重要方面，有其重要性和特殊性，政府在农民工社会管理中有着义不容辞的责任和义务。

总的来看，对于正处于社会结构深刻变动、社会利益深刻调整的当今社会，对于"刘易斯拐点"已经到来、劳动力市场格局转换的当前形势，对于农民工总量增长趋缓、劳动力资源稀缺性日显、劳动者社会地位日益升高的当下中国，农民工的问题需要引起政府的高度关注，需要政府以改革创新的勇气处理好这些问题。包容、接纳，并使这一群体融入城市已经成为政府必须要肩负的重大责任。政府要努力打破旧的不合时宜的体制和机制，建立适应形势需要的制度和秩序，这就需要政府对农民工实施公平、公正、和谐的

---

① 胡锦涛：《在省部级主要领导干部社会管理及其创新专题研讨班开班式上的讲话》，新华网，2011年2月19日。

社会管理；政府要为农民工提供良好的学习机会，建立平等的就业条件，改善他们的工作和劳动条件，促使他们的生活得到改善；政府要使农民工真正享有公民权利，致力于维护他们的合法权益，消除社会对他们的歧视，建立完善的社会管理秩序与制度等工作。这才是让全体人民分享改革开放成果的重要举措，也是社会经济发展到今天不可或缺的关键环节。我们也应看到，当前我国政府在农民工社会管理方面还存在诸多问题和缺陷，这就更亟需强化政府职能转变，创新农民工社会管理。

5.3 农民工社会管理中的政府职能不足

反思农民工社会管理问题，政府承担着主要责任。农民工群体数量庞大，单靠个人、企业、社会某一方都无法解决农民工问题，只有通过政府集中调配资源、集约使用资源，集全国、全社会之力，才可能有效解决。然而在现实中，政府在农民工社会管理中存在越位、缺位和错位的地方。所谓越位，是指受政府主导型经济体制的影响，政府常常对劳动力市场进行行政干预。例如，随着国有企业下岗工人和失业人数的增多，一些地方政府出台政策限制农民工的行业和工种，在保障本市下岗工人和失业人员就业的名义下，越位干预、限制了农民工的劳动权利。所谓缺位，是指政府没有真正承担起劳动力市场中必要的行政干预。例如，政府在农民工的培训和教育、规范和引导劳动力市场、监督和规范用工单位、社会帮助和服务、农民工子女教育等问题上存在不同程度的缺位现象。所谓错位，是指政府“站错了位”，以不适当的立场和方式对待农民工社会管理。如政府设立的劳动力市场在为农民工服务的过程中把服务行为变成了创收行为，通过收费向农民工颁发务工许可证收费。分析这种越位、缺位、错位的政府行为，出现这些问题的原因主要有三个方面。

一是对农民工社会管理的理念还不成熟。由于受计划经济的长期影响，“全能政府”的思维还在影响着我国政府，政府对社会众多事务干预过多，总是以“管理者”的姿态示人，以一种居高临下的心态去执行农民工社会管理职能。在这些行政理念的指导下，政府与农民工的关系不是对等的。政府主要以统治者和管理者的身份出现，农民工必须服从政府的管理行为。此外，由于对“以经济发展为中心”的片面认识，导致各地政府往往把经济发展看得比社会发展重要，在对待企业家和农民工两个群体时，往往偏向前者。各地政府一味地追求经济发展，对官员政绩的考核也主要以 GDP 为标准，导致了政府对农民工社会管理的重要性认识不清，对农民工社会管理体制改革的态度消极，对农民工社会管理的内容和方法等问题缺乏正确理解。比如，对待农民工就业指导培训方面，地方政府往往很少投入资金、技术和人员服务。

二是农民工社会管理体制尚不完善。管理体制不完善，是农民工社会管理中出现诸多问题的一大缘由。在农民工管理制度建设上，尽管政府做了大量的工作，也取得了一些成效，但制度不健全的情况仍然相当突出。农民工社会管理尚未摆脱城乡二元结构体制的影响，城市的发展规划在很多方面没有把农民工的需求纳入公共设施建设的考虑中，致使农民工在享受就业培训指导、社会保障、子女教育、住房、医疗等方面都和城市居民存在较大差距。农民工在城市也没有参与社会管理的权利，缺乏表达利益要求的渠道。在农民工管理机构的设置上，也没有专门针对农民工进行管理和服务的部门。在城乡分治的管理模式下，农业部负责农民的农业生产，人力资源与社会保障部负责城市的就业及相关的管理与服务；农民的生活由村乡两级机构负责，城市居民的生活由社区与街道两级机构负责。虽然农民工的数量巨大，目前在中央与地方却没有设置专门对他们负责的部门①。目前，有关社会管理的法律法规不健全，尤其是农民工社会管理方面的法律法规基本没有，政府工作人员在处理农民工社会问题的时候，往往没有专门的法律依据。农民工社会管理工作也缺乏必要的监督机制，对政府及其工作人员的权力缺乏制约和监督，是导致社会管理主体腐败、工作不作为等一些侵害人民群众利益行为发生的重要原因。

三是农民工社会管理方式和手段单一。各级政府对农民工的管理，基本上仍习惯于原来那种直接管钱、管物、管人的行政控制型管理方式。不仅管理成本提升，社会秩序和治安形势也未得到好转。一些政府部门的行政执法人员，习惯运用长期以来的行政手段和经济手段来管理社会公共事务，从而导致政府与农民工的关系紧张。农民工的社会管理需要社会组织、农民工组织配合政府部门一起负责，单靠政府是很难完成的。此外，由于农民工社会

① 王艺：《和谐社会视野中的农民工政府管理创新研究》，重庆师范大学博士论文，2007 年。

管理的复杂性和涉及面的广泛性，需要就业、教育、医疗、农业、公安等多部门的信息交流与合作。

总的来看，现行政府职能及其作用发挥已经很难适应当前农民工社会管理日新月异、日趋复杂的现实。进一步转变政府职能，推动农民工社会管理中政府作用的有效发挥，是当前我们需要且必须作出的重要抉择。

5.4 政府在农民工社会管理创新中的作用

5.4.1 政府对农民工社会管理理念的创新

政府的管理理念是政府机关在从事公共管理，提供公共产品和公共服务的过程中遵循的指导思想和指导理念，是政府管理创新成功的基础；是政府行政人员分析问题的一种世界观和信守原则。在农民工的政府管理中应当树立责任、法治、透明、高效的政府理念、最终建立服务政府的现代管理理念。

一是树立责任政府理念。责任政府就是指具有责任能力的政府在行使社会管理职能的过程中，为自身行为的后果承担行政责任。承担责任是现代政府的第一要义，政府的权力来源于人民，政府理应承担起与权力对等的责任，对人民负责。政府行使权力的过程，也是履行职能、承担责任的过程。政府行使行政权力违法、越权或者不遵守法定程序，都要承担相应的法律责任，违法不作为也要承担责任。

二是树立法治政府理念。法治政府是指整个政府的设立、变更、运作都是合法化、规范化的，包括政府整体行为和个体行为都是合法化、规范化的。树立法治政府，就要加大行政执法责任制落实力度，加强行政执法机构和执法队伍建设，努力提高行政执法人员的业务素质和执法水平。树立法治政府，就要求行政机关实施行政管理严格遵循公平、公正的原则，平等对待行政管理相对人，不偏私、不歧视。树立法治政府，就要结合依法行政与提高政府部门服务水平，坚决纠正各种形式的收支挂钩现象，以有法必依求效率，以执法必严保公正，以违法必究顺民心，以法制意识和执法水平论干部，确保规范执法行为，提高执法水平。

三是树立透明政府理念。透明政府的核心思想是政府掌握的个人与公共信息向社会开放，即“阳光法”，它的执行将意味着两种特权的丧失：首先是政府难于继续保持神秘感或者说神圣感，其次是利益分配公开化之后，不再有传统的暗箱操作。透明政府要求政府做到：政府组织的公开。政府组织程序和权力构架必须公开。政府决策的公开。政府不仅所有的规定、决定必须公开发表，而且制定的过程也必须接受公众、企业的参与和监督。政府管理的公开。市场经济发展到了今天，“看不见的手”已经不能独立指挥国民经济的运行，政府的“有形之手”必须对市场的无序状态适时进行宏观调控。政府的这种管理行为，由于更多地采取了市场手段，市场主体必然要求它符合公开的原则。行政行为的公开。改变传统的行政行为方式，实现政务公开，传统行政以行政权力行使的秘密性和内部性为特征，由此滋生“暗箱操作”、信息寻租等腐败现象。

四是树立高效政府理念。政府的高效率指的是政府的行政效率，即行政机关和行政人员从事行政管理活动所得的劳动成果、社会效益同所消耗的人力、物力、财力和时间的比例关系。要提高农民工政府管理的质量和水平，需要一个让农民工充分放心的高效政府，要求大大提高政府管理行为的效率和质量，提高政策的落实水平和可操作性。

五是树立服务政府理念。基于法治、透明、高效政府理念的基础之上，才能更好地树立服务型政府管理的理念。服务型政府就是按照民众意志，通过法律程序选举产生的承担公共管理和公共服务责任的政府。其本质要求是坚持一切从人民群众的根本利益和现实需求出发，全心全意为人民群众服务。对农民工进行管理时不仅要重视他们、关心他们、尊重他们，并不局限于作好农民工的思想工作，而是要扩大农民工的民主参与度。把农民工纳入到公共服务体系中来。按照“公平对待、合理引导、完善管理、搞好服务”的原则，改革城乡分割的二元就业管理服务体制，对农民工实行属地管理。

5.4.2 政府对农民工社会管理制度的创新

一是以破除城乡二元体制为目标，渐进式地改革户籍管理制度。户籍管理是世界各国普遍采用的一项重要的行政管理制度，户籍制度的关键在于依附在其上面的相关权益，使得城市居民在诸多方面享受到农民、农民工所享受不到的权益，而且差距逐渐拉大。要保证农民工真正享有与城市居民同样的待遇，就必须彻底破除各种壁垒，全面稳步推进户籍管理制度的改革。户籍改革要做到以下几点：其一，应从户口登记、社会保障、劳动就业、土地制度、教育卫生等方面综合改革，必须配套，缺一不可。其二，保护转制农民的原有利益不受影响。其三，要进行集体资产股份制改革，把资产量化到人，并在改制过程中实行基本医疗保险和基本养老保险，保障转制农民利益，消除他们的后顾之忧。

二是构建全国统一、城乡一体的社会保障制度。人口流动迁移实质就是人口城镇化的过程。要顺应城镇化发展和社会结构变化的趋势，把农民工逐步纳入城镇社会保障的范畴，最终形成统一的社会保障制度。现阶段应积极提高社会保障的统筹层次，逐渐减少地区之间的制度差异，提高政策的统一性。为解决社保资金问题，应强化中央政府担负统一制度的职责和统筹资金收支的权限，明晰各级政府在基本公共服务和社会保障日常运行方面的分级管理权责；健全转移支付体系，保障包括流动人口在内的所有国民享受医疗、养老等基本保障和社会救济项目；通过设置独立税种、国有资产转化等方式多渠道筹集社会保障资金。最后再积极立法，做好宣传工作。

三是全面改进农民工子女教育制度。要进一步加大政府教育投入，从实际上解决农民工子女教育的经济困难。财政部门要安排必要的经费，对接收进城打工子女就学较多的学校给予一定的补助。城市的教育经费中，要有一部分专门用于进城农民工子女的义务教育工作。在义务教育阶段，不管是城市居民的子女还是农民工子女，都应平等地享受政府提供的免费教育，从而解决城市中农民工子女由于经济困难而不能接受教育的问题。此外，政府还可以吸纳更多社会力量办学，弥补办学经费的不足。要坚持公平、正义的原则和立场，进一步为提出解决我国农民工子女教育问题的对策提供现实依据，让农民工的子女共享改革开放成果，让农民工子女享有与城市居民子女同等的教育权利。此外，还要提高农民工自身公平享受教育福利的意识，积极参与国家、地方政府或社区组织的国家义务教育法宣传、学习活动，提高法律认识。要加强流动人口素质教育，家庭是孩子第一个学习环境，而家长是孩子的第一个老师，不断加强农民工家长的素质，有利于孩子在家庭中茁壮成长。

四是进一步完善法律法规体系，维护农民工的合法权益。维护农民工的合法权益，需要从以下几点进一步完善相关法律法规：构建完善的劳动法律体系，尽快制定《反就业歧视法》，明确禁止包括劳动力城乡歧视在内的一切与能力无关的就业差别待遇，保证农民工平等的就业权；抓紧制定《工资支付条例》，建立企业欠薪保障基金制度；尽早制定《社会保障法》，将农民工的社会保障纳入城市社会保障的范畴①。要确立对政府有关部门及其工作人员违法行使或者不行使公权力的行为造成的后果承担相应法律责任的制度。要加强劳动监察部门在人力、物力、财力、技术等方面的配备和支持，加强劳动处罚力度。在农民工权益保护中，必须增加农民工自治组织和博弈能力。首先是工会保护，其次建立专门的农民工协会。

5.4.3　政府对农民工社会管理方式的创新

农民工社会管理，虽然主要是政府的职责所在，但是单靠政府管理，难以完成。因此，政府虽然是社会管理中的主导，但是也离不开各种社会组织、农民工自身的配合作用，这也需要政府积极引导、支持和鼓励。

一是坚持政府主导。农民工社会管理涉及各个方面，只有政府才具有统筹的能力。政府在主导农民工社会管理方面，重点要做好以下几点：建立健全农民工管理的各项制度；实施有效的社会控制，维护社会的正常秩序；制定各种应急预案，保障公共安全和处置突发事件；建立决策、执行、监督相协调、相制约的权力运作机制。

二是积极引导社会组织的参与。政府应多鼓励和支持各种社会组织积极参与到农民工社会管理服务中去，形成多元化的管理新局面，尤其是加强城市社区的基层管理功能。构建开放型城市社区，使农民工获得社会成员资格，改变排斥性的二元分隔体制，发挥社区的社会整合功能，将农民工的权益纳入城市社区建设之中，通过为农民工提供社会服务，将他们合理地组织起来，参与文化教育、卫生、安全等公共活动。

三是支持农民工自我管理。农民工的自我管理最根本的途径在于提高农民工的组织化程度。农民工组织可分为三种类型：农民工工会、农民工党组织及农民工自组织。其一，最大限度地把农民工组织到工会中来，保障农民工的合法权益。其二，充分发挥党组织的战斗堡垒作用，让部分优秀的农民工加入党组织，巩固新时期党的群众基础。其三，依靠农民工自组织可以弥补政府功能的不足，可以适应农民工丰富多彩的社会需要。

---

① 吴海娟：《社会和谐与农民工社会管理》，《赤峰学院学报（汉文哲学社会科学版）》，2008年第1期。

四是推动农民工管理信息化。农民工社会管理包括就业管理、户籍管理、社会保障管理等许多方面，涉及大量资料信息的收集、分类、发布，这就要求政府必须积极采用现代电子政务方式实现管理信息化。为此，政府必须加大电子政务建设的力度，大力推进农民工管理信息网络建设，实现信息共享，为农民工管理和服务提供准确、及时的信息。这样不仅能提高管理效率和工作的透明度，保障广大农民工的知情权，还能推进廉政、勤政建设，提升公共服务的水平。

5.5 小结

政府在农民工社会管理创新中居于无可替代的地位，是农民工社会管理的首要责任主体，转变政府职能具有“纲举目张”的重要作用。“刘易斯拐点”的到来意味着我国经济社会发展重要窗口的到来，这对政府的职能转变和加强农民工社会管理提出了新的要求。一个基本的认识，“刘易斯拐点”的到来意味着农民工不再是无限供给，这个机会窗口是带给农民工社会管理创新的重要机会。城市执政者与管理者应更加充分重视农民工的价值，农民工权益需要得到更多保障，农民工社会管理创新也应成为社会各界的共识，这无疑最大程度上给执政者凝聚了强大的社会合力。政府应围绕着农民工社会管理创新的理念、制度和方式展开各项工作，充分转变政府职能，更加注重社会建设与管理，更加注重农民工的切身利益，更加科学有序地推进农民工的市民化，为构建和谐社会、和谐城市作出应有的贡献。

6

社会组织、公众参与与农民工社会管理创新

农民工社会管理涉及方方面面，是一项极为复杂的社会系统工程，不仅要靠政府主导，还需要充分发挥社会组织的“中介”和“桥梁”作用，充分发挥公共参与的“主体”作用，充分发挥社区这个社会基本单元促进农民工顺利融入城市的“平台”作用，最终实现政府主导与社会协同良性互动的生动局面，达到农民工社会管理多方参与的积极目标。本章主要从社会组织、公众参与、社区建设这几个方面分别阐述与农民工社会管理创新的关系、作用等。

6.1 社会组织、公众参与对农民工社会管理创新的重要意义

6.1.1 社会组织在农民工社会管理创新中的重要作用

要完善“党委领导、政府负责、社会协同、公众参与、法治保障”的社会管理体制，社会组织扮演着不可或缺的角色，发挥着越来越重要的作用。

一是承接政府转移的相关职能。社会组织可以承接部分政府职能，推动社会公益事业发展，向农民工提供公共服务，弥补政府的不足和市场体系的缺陷，同时其在社会公益事业方面也发挥着越来越重要的作用。搭建社会组织协同进行社会管理和提供公务服务的平台，有利于转变政府职能，增强政府的协同力量，推动形成“多元共治”的社会管理新体制。

二是农民工社会组织作为直接产生于社会的民间组织，在社会实践中通过各种方式向农民工及其家庭提供服务，体现了公益性、灵活性、直接性等特征，为农民工进城后各类社会需求的满足提供了方便，对于促进农民工融入城市，以及缓解和消除农民工社会问题的产生，维护社会的和谐与稳定具

有十分重要的现实意义。

三是农民工社会组织提高了农民工的话语权，不仅提供了维护自身权利的能力，还有助于建立农民工理性、长期、常规的利益表达渠道，这些都有利于减少政府的压力，预防并减少社会冲突，使农民工群体的救助和服务功能得到更多制度支持。

6.1.2 公众参与对农民工社会管理创新的意义

公众参与是完善农民工社会管理体制的重要方面，有利于充分实现农民工在社会管理体制中的主体地位。其意义集中表现在以下几个方面：

（1）公众参与是推动社会管理创新的重要力量。首先，公众参与有利于集中民众智慧，促进政府管理创新能力的提升。其次，公众参与有利于农民工充分表达自身的利益，控制政府不合理的自利性，促进政府社会管理职能的良性运作。再次，公众参与有利于激发政府社会管理的活力，促进政府社会管理创新效能的增强。总之，农民工通过公众参与，自身的诉求得到了表达，利益得到了保障，从而会产生对政府管理决策的理解、支持和配合的良好效果。这种理解、支持和配合，又会反过来激发政府提供公共产品和实现公共服务的动机，促进政府社会管理创新效能的增强。

（2）公众参与是社会管理创新的有效保障。公众参与强调的是政府与公众之间的双向沟通和协商对话，既有利于政府社会管理决策实现在民主基础上的科学化水平提升，促进政府“善治”；又有利于加强政府与公众之间的沟通，促进政府与社会的良性互动，推动和谐社会建设的进程。

（3）公众参与是构建和谐社会的根本保障。当前，我国正处于社会转型期，突出特点是矛盾凸显，这些矛盾产生的主要原因在于社会利益的多元化，而基于这种多元化社会利益，使得公民诉求多元化的趋势越来越明显。农民工在这种多元化的背景下是话语权最弱的群体之一，在社会管理中吸纳农民工参与，有利于最大程度地满足农民工的利益诉求，化解社会矛盾，维护社会稳定。

6.1.3 社区建设对农民工社会管理创新的重要性

社区作为社会的基本单元，作为基层社会管理体制改革的重点，一直都是农民工社会管理的“主要载体”和“重要平台”。抓好社区建设，就抓住了农民工社会管理的“牛鼻子”。具体来看，其意义主要表现在以下几个方面：

（1）社区是实现社会管理创新的平台。改革开放以来，与计划经济相适应的单位制日益弱化，原本由单位承担的社会控制和社会福利的功能开始溢出，社区成为承载基本公共服务和供给的平台，社区的重要性日益显现[①]。整个社会管理的重心也从单位向社区转移，这种大背景下，社区建设创新成为社会管理体制创新的重要实现平台。《国务院关于解决农民工问题的若干意见》明确指出：“要构建以社区为依托的农民工服务和管理平台。鼓励农民工参与社区自治，增强作为社区成员的意识，提高自我管理、自我教育和自我服务能力。发挥社区的社会融合功能，促进农民工融入城市生活，与城市居民和谐相处。”这无疑为农民工的社会管理创新指明了方向和路径[②]。

（2）社区建设是实现城市和谐发展的保障。在我国，社区建设概念的提出是同改革进程紧密联系在一起的。20 世纪 90 年代，我国城市推行社会管理体制改革，面对政府管理权力下沉和居民委员会能力薄弱的居民，政府将社区建设上升到“改革、发展和稳定的高度”，即适应城市企业、体制改革和社会管理体制改革的需要，保证社会稳定，促进城市社会发展。这表明政府对社区建设的目标诉求是：支持和保障企业体制改革，化解社会压力，保障城市社会稳定。

（3）社区建设是农民工融入城市社会的平台。就农民工而言，社区是农民工融入城市的社会化组织载体，农民工融入了城市社区也就是融入了城市。在社区中，社区管理与服务在农民工日常生活方方面面的渗透，就是一种可被直接感受到的新的支持力量。因此，以社区建设为切入点，提高社区管理和服务水平，是解决农民工的城市社区融入问题的一种重要手段。这个过程可以超越户籍的外在屏障而融入于生活方式之中，通过改变农民工对生活地域的自我认同，可以使二元结构性制度规定在角色、身份、生活模式、归属感和认同感等方面实现渐进性的超越[③]。也就是说，

---

① 陈志成：《从“单位人”转向“社会人”——论我国城市社区发展的必然性趋势》，《理论参考》，2002 年第 11 期。

② 国务院研究室课题组：《中国农民工调查报告》，中国言实出版社，2006 年版。

③ 时立荣：《透过社区看农民工的城市融入问题》，《新视野》，2005 年第 4 期。

社区建设在农民工社会管理创新上可以逐渐超越二元结构性制度的影响。

6.2 社会组织发展与农民工社会管理

6.2.1 农民工社会组织的主要功能

农民工社会组织是指以维护和救助农民工权益为目的，由具有共同志愿的人组成，直接并主要为农民工及其家庭提供服务的民间公益性组织，是随着改革而产生的新型社会组织。① 农民工社会组织在社会管理中的作用主要是通过以下功能来体现的：

（1）为农民工提供公共服务。为了实现由管理型政府向服务型政府的转变，我国政府正在逐步把一些社会管理职能转交给社会中介组织，这种“小政府、大社会”的社会治理模式为农民工社会组织的发展提供了广阔的空间和发展的机遇。各农民工社会组织自身具有的特点和功能，承担了政府应该提供的一部分公共产品和一些不能提供的公共产品，从而能够满足农民工的多样化需求②。其提供的服务内容主要包括：为农民工提供文化发展与休闲娱乐服务，丰富农民工的精神文化生活；联合各类学校和培训机构，组织农民工开展各类职业培训，提升农民工的劳动技能，拓展其就业空间。

（2）维护农民工合法权益。农民工的合法权益屡遭侵害，主要原因是：政府社会管理理念滞后导致了农民工合法权益难以得到法律保障；工会组织行政化、维权职能弱化导致农民工的权益难以得到组织的保障；公共服务职能不到位、公共服务投入不足、公共服务效率低下及公共服务供给失衡导致个体维权成本过高。农民工社会组织根据上述不足给农民工提供有针对性的帮助，从而有效地保护农民工的合法权益，这也是农民工社会组织的主要作用之一③。首先，农民工社会组织可以充分发挥自身的智力优势，向农民工提供法律咨询和援助，提高他们维护自身权益的积极性和主动性，同时提升他们掌握判断权益受损的能力，最终实现农民工群体自救和群体内互助的目

---

① 姜涛、孙玉娟：《非政府组织（NGO）对农民工维权的影响与制约》，《南京农业大学学报（社会科学版）》，2008 年第 1 期。

② 邓宝国：《农民工民间组织的基本功能研究》，《农业经济》，2009 年第 2 期。

③ 徐旭初、吕冬洁：《农民工维权组织及组织化问题研究》，《杭州电子科技大学学报（社会科学版）》，2007 年第 4 期。

的。另一方面农民工社会组织可以直接为农民工代言，对农民工被侵害的案件通过仲裁、诉讼或律师调解等方式，谋求农民工合法权益的实现。

（3）促进农民工社会参与。促进参与主要是指促进农民工的政治参与，满足农民工政治表达的意愿和诉求。农民工作为城市的“边缘人”，长期游离于社会的政治表达之外。发展农民工社会组织，有助于提高农民工在改革和发展的全局与局部利益博弈中的话语权，提高农民工的社会参与度，更好地推进农民工社会管理创新。农民工社会组织能够通过组织的平台，收集、遴选并整合农民工分散的需求，形成一个完整的表达，并通过特定的渠道传递给政府部门，使政府部门能够及时地、全面地了解农民工群体的迫切社会需求①。同时，农民工社会组织还可以作为农民工群体与社会各界以及社会公众之间的一条重要纽带，以加强他们之间的沟通和相互了解，为人们参与社会管理和增强民主意识提供渠道②。

6.2.2　农民工社会组织的发展历程

农民工社会组织③从20世纪90年代中期开始出现并受到关注。1996年4月，“打工妹之家”在北京成立，这是一家由《农家女百事通》杂志社成立的专门为女性农民工服务的社会组织；同年，“南山区女职工服务中心”成立，这是一家由在香港注册成立的“女性联网”与深圳南山区总工会合作成立的组织。这两家是公开报道中成立最早、并且到现在仍在运作的农民工社会组织，它们的成立是农民工社会组织从无到有的标志④。

2000年以后，农民工社会组织步入了快速发展的时期，这个快速发展主要表现在：首先，农民工社会组织在数量上激增；其次，随着农民工社会组织作用的不断突出，越来越多的资助者、组织、人员和政府逐渐开始关注和支持农民工组织的发展，国内更多的组织与人员，如媒体、大学生（社团）、志愿者与基金会等都不断加入关注与帮助农民工的群体；再次，中央政府对

---

① 张志勤：《论社会组织在社会管理创新中的协同作用》，《中共青岛市委党校青岛行政学院学报》，2011年第6期。

② 邓宝国：《农民工民间组织的基本功能研究》，《农业经济》，2009年第2期。

③ 这里所指的农民工社会管理是指为农民工提供社会服务的社会组织以及由农民工组建或参与的社会组织。

④ 陈雷等：《农民工福利保障：制度缺陷与企业社会工作介入》，《农村经济》，2010年第3期。

农民工政策的积极转向，推动地方政府对农民工社会组织态度的转变，有些地方（尤其是农民工输入地）政府公开认可甚至帮助自发成立的农民工社会组织；最后，农民工社会组织之间也加强了彼此的沟通和交流①。

当前，农民工社会组织仍然处于快速发展的阶段。随着政府积极政策的普遍推行，农民工权益意识的日益苏醒，帮助农民工群体的机构与人士呈现越来越多的趋势，农民工开始自发或在政府帮助和引导下组建或参与社会组织。可以预见的是，在未来的几年中将会有越来越多的农民工社会组织成长与发展壮大起来。

6.2.3 农民工社会组织的主要类型

（1）专家咨询组织：义务提供各种法律援助的专家咨询组织，如法律援助中心、农民工维权中心，主要为农民工开展法律知识普及讲座、进行法律咨询等。

（2）国外非政府组织（NGO）在我国设立的分部：如“香港女性联网”在广东省职业病防治院设立的为农民工提供服务的广州分部。

（3）非营利性维权服务部：这类组织一般都在工商部门进行了登记，但它们并不从事登记范围内的经营活动，而是代农民工进行法律诉讼活动。

（4）各种服务于农民工的志愿者组织：如各地组建的关爱农民工志愿者团队。

（5）各种民办职业介绍中心、劳动就业服务中心：主要为待业农民工提供就业信息、就业岗位，及时反映农民工就业情况，促进社会就业。

（6）各种民办职业技能培训学校：主要面向待业或就业农民工提供知识、技能培训，增强其就业能力，提高其劳动技能，提升其整体素质。

（7）各种心理咨询机构：针对新生代农民工存在的诸多心理困惑和问题，积极进行干预，维护其心理健康。

（8）各种文化娱乐组织：包括各种由农民工自发组织的、服务于农民工的、自娱自乐性质的文体组织。

---

① 唐晓容：《社会组织：农民工福利供给的新主体》，《山西农业大学学报（社会科学版）》，2011 年第 7 期。

6.2.4　农民工社会组织在创新农民工社会管理中的困境

尽管我国的农民工社会组织在数量上有了明显的增多，但无论是相对于欧美国家发展成熟的非政府组织、公民社会组织，还是相对于国内如火如荼的环保、扶贫等社会组织，我国农民工社会组织发展状况都显得十分薄弱。当前的困境主要表现在以下几个方面：

（1）社会组织发展极不完善。我国农民工社会组织的人力资源贫乏，主要表现在：首先，专职人员非常少，而且素质普遍偏低。一般来说，组织内的服务人员多数为志愿者，其正式工作人员不到10人。[①] 专业技术知识不足，更缺乏创新精神；其次，志愿者相当缺乏，不仅数量少、后备不足，而且流动性大、经验不足，导致内部管理和能力建设不足。由于农民工社会组织活动资金较少，不能给人才提供良好的经济条件，因此单凭社会正义感和服务热情，较难吸引高素质人才，也难以保证其工作队伍的稳定性。

另外，农民工社会组织结构简单，制度不完善，缺乏完善的内部管理制度和合理的绩效评估制度，也没有建立财务公开制度，管理状况不佳。这种情况下的农民工社会组织的数量很少，而且分布零散，[②] 很多社会组织与农民工没有稳定的联系与沟通机制，随机性很大。[③]

（2）资金短缺。一般来讲，社会组织的资金来源有两个渠道：政府扶持和民间筹款。在目前，我国的农民工社会组织仍游离于国家的体制之外，社会认可度不高，这种状况极大地限制了其获取资金的渠道。首先，游离于国家体制之外的组织不可能享受到国家的政策优惠和资金支持；其次，很少有企业和个人愿意把资金捐给自己不信任的组织，这就减少了民间筹款渠道。根据国外的经验，能够为农民工社会组织提供资金支持的应该是专门为农民工服务的基金会与慈善组织。但我国尚未出现专门为农民工服务的基金会与慈善组织。这极大地限制了农民工社会组织在动员社会

---

① 靳潇慧、任洁：《农民工NGO发展现状对策研究》，《现代商贸工业》，2009年第20期。

② 徐谷明：《中国农民工NGO的生存困境》，《中国经济时报》，2006-01-18。

③ 姜涛、孙玉娟：《非政府组织（NGO）对农民工维权的影响与制约》，《南京农业大学学报（社会科学版）》，2008年第1期。

资源方面的能力。[①] 这就使得目前这些农民工社会组织资金大量短缺且没有稳定的来源基础，组织运作所需要的开支与其所能得到的资金之间存在着巨大的缺口，这种资金的短缺是农民工社会组织发展的主要“瓶颈”。

(3) 身份合法性缺失。按照法律规定，成立一个社会组织必须经过政府审核，并按照法律规定的程序，经合法登记才能取得正式身份。但由于我国当前社会管理方面的法律制度尚不完善等原因，导致农民工社会组织普遍面临着合法性缺失的窘境。首先，我国对民间组织实行双重管理体制，即由登记机关实行监督职能，业务主管部门行使管理职能，二者共同管理，双方只要有一方不同意，组织就无法合法成立，从而成为民间草根组织，不获得任何身份。我国农民工社会组织兴起的时间较短，更存在一般民间组织所普遍存在的问题，在注册登记时更是面临着层层阻力。其中最大的问题是难以找到可以挂靠的业务主管单位。由于农民工社会组织所服务的对象——农民工在社会中属于较敏感群体、弱势群体，且其所要处理、面对的事情非常之多且复杂，许多单位不愿自找麻烦，也就不愿作为其业务主管单位[②]。其次，我国民间组织的准入门槛过高。我国民间组织登记注册方面的主要法规有两项，即《社会团体登记管理条例》和《民办非企业单位登记管理条例》，它们对民间组织的准入条件进行了严格的规定。根据《社会团体登记管理条例》规定，社会团体必须有专职工作人员，必须具有固定的住所，必须具备50名以上的个人会员或者30名以上的团体会员，必须有3万元的活动资金，社会团体必须取得法人资格。这些门槛将大多数的农民工社会组织排斥在了合法的门外。目前，农民工社会组织的发展极不完善，组织内的服务人员多数为志愿者，不是组织的固定工作者，所以在法定人数上很难满足法规中的硬性规定，除此之外，自发成立的农民工社会组织的活动资金也是相当有限的，这一项多数组织自然也难达要求[③]。

农民工社会组织很少有条件能在民政部门成功登记注册，所以它们大多

---

① 何雯：《浅谈我国社会转型期农民工NGO组织的建设构想》，《攀枝花学报》，2008第2期。

② 姜涛、孙玉娟：《非政府组织（NGO）对农民工维权的影响与制约》，《南京农业大学学报（社会科学版）》，2008年第1期。

③ 靳潇慧、任洁：《农民工NGO发展现状对策研究》，《现代商贸工业》，2009年第20期。

以不合法的形式存在和运行着，属于典型的草根社会组织[①]。农民工社会组织合法性的缺失，导致了一种尴尬的局面：它们在自身尚未具备完全合法性和稳定地位的情况下去维护农民工的权益、在维持自身生存空间和开展组织活动之间摇摆不定[②]。

6.2.5　发展社会组织创新农民工社会管理的对策和建议

（1）加强对农民工社会组织的管理。首先，降低农民工组织的准入门槛，给予更多的农民工社会组织合法性；二是通过设立相应的职能部门，扶持农民工社会组织发展，为农民工社会组织提供包括提供场地及资金在内的帮助以支持农民工社会组织的发展。三是通过激励规范农民工社会组织自身发展，建议政府可以通过政府招标购买的方式，将需求打包为服务项目向社会公开招标，让具有一定资质的各社会组织公平竞争，择优录用。四是要强化登记管理、税务、审计、检察、司法等各部门的职责与功能，构建对社会组织的多元监管格局，形成依法监管社会组织的合力。

（2）搭建社会组织协同管理与公共服务平台，努力形成政府主导、社会组织和企事业单位广泛参与的社会管理和公共服务提供机制。成立全国性或地区性的农民工社会组织，加强全国农民工社会组织的联络；建立为农民工社会组织服务的支持网络，组织对农民工社会组织工作人员的培训，同时鼓励这类组织从农民工中招收工作人员与志愿者，以保持这些组织中人员的稳定并提升其人力资本；建立专业机构评估机制，专门针对农民工社会组织进行资质审查和开展社会绩效评估。

（3）扩大媒体宣传，倡导全社会关注农民工问题，邀请社会知名人士加盟机构，积极与新闻媒体等合作，扩大组织知名度和影响力，获得社会与政府的更多认可与支持；建设组织的公信度，提高其社会责任感、认同感和公信力。

（4）推进完善农民工社会组织的法制建设。为使农民工社会组织的发展更加规范和健康，根据农民工社会组织发展的现状和农民工发展面临的问

---

① 唐晓容：《社会组织：农民工福利供给的新主体》，《山西农业大学学报（社会科学版）》，2011 年第 7 期。

② 孙春苗：《论农民工民间维权 NGO 在社会转型期的发展空间》，《调研世界》，2006 年第 10 期。

题，制定出台一系列制度规定，对农民工社会组织诸如组织构架、工作机制、活动开展、内部管理、经费使用、人员流动等各个方面加以规范，引导和规范农民工社会组织运作，带动农民工社会组织及其司法救助、社会保障等走上制度化、规范化的轨道。

6.3 公众参与与农民工社会管理

6.3.1 公众参与对农民工社会管理的作用途径

公众参与，通常又称为公民参与、公共参与。按照阿尔斯坦（Sherry R. Arnstein）的观点，公众参与“是一种公民权力的运用，是一种权力的再分配，使目前在政治、经济等活动过程中无法掌握权力的民众，其意见在未来能有计划地被列入考虑”①。公众参与社会管理，具体是指公众通过一定的程序或途径参与社会管理的决策活动，以使该项公共决策符合广大公众的切身利益②。

公众参与是实现公民权利的基本途径，具体到农民工社会管理中，公众参与对农民工社会管理的作用机制是通过如下两个途径实现的：

（1）农民工通过积极的政治参与，其个人权利才能得到最充分的实现；农民工的公共参与有助于社会管理的其他主体充分考虑和重视广大群众的利益和诉求，保证在群体博弈中的发言权。

（2）公民参与可以有效防止公共权力滥用，有效制约公共权力。公权力的合理行使，一方面有赖于权力体系内部的相互制衡，另一方面则是通过公民对政治生活的积极参与和监督来实现。公民参与有助于社会管理的其他主体充分考虑和重视广大群众的利益和诉求，提高管理决策的科学性③。

6.3.2 农民工社会参与现状及存在的问题

目前，我国城市治理中的农民工参与主要存在以下几个方面的问题：

（1）城市政府对农民工参与城市治理的意义认识不到位。由于受传统行

---

① Sherry R. Arnstein, A Ladder of Citizen Participation［J］. Journal of the American Institute of Planners, 1969. P216。

② 黎慈：《公众参与：政府创新社会管理的有效保障》，《湖北行政学院学报》，2011年第6期。

③ 魏娜、刘蕾：《社会管理创新背景下的和谐社区建设》，《甘肃理论学刊》，2011年第6期。

政文化的影响，城市政府还未彻底实现两个方面的转变：一是由政府本位向社会本位的转变；二是由官本位向民本位的转变。其导致的结果，一是在本应是多元主体的城市治理网络中，政府总是试图甩掉其他治理主体；二是政府往往过高地估价自身的能力，即认为在城市治理领域无所不能，单凭一己的力量就可以实现管理好城市公共事务，并且认为除政府之外的其他主体，特别是农民工，不具备必要的治理经验与治理能力，因此，他们是否参与到城市治理中既不重要也无意义。

（2）农民工本身对参与城市治理的意识不强。农民工自身参与城市治理的意识也不强，一些人表现为参与前的冷漠，另一些人却是有了参与的经历后变得冷漠。究其原因，无外乎以下几种：一是农民工普遍不自信，认为自己地位卑微或者认为自己是外来人员，人微言轻，所以主动放弃了参政的权利；甚至一部分人根本没有意识到宪法所赋予的在城市发展的各项决策中的发言权。二是农民工经济状况普遍很差，而经济基础会影响其政治地位，因此他们普遍感到没必要参与，总之是说话时没底气，说了也没分量，说不说一个样，参与不参与也就变得不重要了。三是部分农民工认为政策其实政府部门早就定好了，让他们参与讨论、听证等形式只不过是走走民主的过场，让政府部门自己的决策披上合法的民主的外衣而已，没有任何实际意义。

（3）农民工参与能力不高。毋庸讳言，由于广大的农民工文化程度普遍不高，他们既没有管理城市公共事务的相关知识和技能，也没有管理城市的实际经验，再加上公共部门又没有针对提高弱势人群的参政能力方面的培训，必然导致他们认识的片面，缺乏科学的判断力、对方案论证的能力有限。但是无论如何，城市政府不能因为他们的参政能力有限而将他们剔除在城市治理网络之外。也可以说他们不是没有参政和管理的能力，而只是缺少机会和渠道来培养和提升他们的能力，而这恰恰说明我们的政府在这方面工作的缺位。

（4）农民工制度框架内参与程度不高。目前我国城市政府为一般公众提供的制度框架内政治参与渠道相对有限，主要包括人代会制度、政治协商制度、重大问题民主讨论协商制度等。当前，政府越来越重视公众参与，规定了一些新的参与渠道，比如听证会、意见征求、信访、互联网论坛、公众信箱等方式，但由于缺乏能够保证参与渠道畅通的相关制度，无法保证公众参与切实得到实施。换句话说，这些制度的实施效果均很不理想。由于公民的民主权利是与户籍紧密相联系，农民工户籍在农村，因此在居住、就业的城市没有选举权、被选举权，也就不能参与民主选举、民主管理、民主监督，这种状况导致人民代表大会和政治协商会议中农民工的比例过低，听证制度缺少农民工代言人，农民工的话语权并没有真正地实现。

综上所述，农民工的制度内公共参与渠道多数流于形式、效果不理想，致使农民工不得不从制度外寻求表达利益的渠道，如上访、静坐、人身威胁等极端形式。从理论上讲，制度内参与渠道与制度外参与渠道之间存在着此消彼长的关系，如果政府对制度内参与渠道的建设不足，农民工就会较多地从制度外寻求极端的方式来维护其权益。而制度外的公众参与渠道，会造成破坏社会稳定和谐、影响城市形象等不良后果，不利于城市的可持续发展。

6.3.3 社会管理创新中农民工参与的对策

社会管理创新亟待农民工的参与，这一参与过程同样需要政府、社会与农民工的共同努力。主要应从以下几个方面着力：

（1）城市政府转变管理观念。城市政府应该尽快抛弃政府本位、官本位的传统思想，树立社会管理的观念，落实宪法所赋予每位公民的参与权。深刻认识农民工在工业化、城市化中的重大作用，改变认为农民工是被动接受管理的阶层这种看法，彻底改变对农民工进城就业管理服务工作消极被动、拖延改革和政策不落实的做法，真正将城乡发展由理念转变为行动，积极主动接纳农民工，实现城市社会由封闭到开放的转变。制定政策法规，明确工作措施，做好管理服务工作，自觉改善农民工就业环境，把解决农民工就业问题作为构建城乡一体化就业体系的突破口，并将其纳入国民经济和社会发展规划，实现城市化进程的有序推进。

（2）培育农民工的公民意识。通过提升农民工的文化素质和政治素养来培育他们的公民意识，引导公众积极、理性、合法、有序地参与社会管理，使之成为社会管理的重要主体。就广大农民工而言，要重视宪法所赋予自己的参与权利，积极主动地参与公共管理并且合理表达自己的利益诉求。通过积极参与，在实践中得到锻炼，增长知识、扩展视野、逐步提高参与技能和成效。

（3）提高农民工的公共参与能力。农民工参与能力不足既与他们自身的条件有关，也与政府在针对他们所提供的教育和培训方面的公共服务明显不足有很大关系，在这方面政府是有很大的作为空间的。政府应建立起提高农民工公共参与能力的教育和培训制度。这一点有美国的先例可以借鉴。早在20世纪上半叶，美国国会就专门设立了一个基金项目，该项目的内容是由美国高校和某些政府机构共同承担了一项面向全体公民的培训，主要内容包括参与技能、技巧的培训和公民参与意识的教育与培训，取得了良好的效果，而且这些项目得以较好的传承，至今在有些州还存在①。从美国政府的经验可以看到，我国的城市政府也可以委托高校针对农民工开展一些这类的教育和培训，政府负责为高校提供培训经费，并做好其他服务和监督。通过提供这类教育培训项目，经过一段时间的积累，必定能够规范提升农民工参与城市治理的能力。

（4）拓宽公共参与渠道，提高参与成效。拓宽公共参与渠道的根本措施就是增加农民工在制度内公共参与渠道的代表性，为保证在制定公共政策时把农民工群体的利益诉求都考虑进去，政府应进一步落实人民代表大会制度和政治协商制度，转变选举观念，选举代表时既要选在各行业中表现突出者，也要选各行业中最普通的和最底层的人，以保障代表们充分的代表性，保证政府决策的民主化和科学性。另外，为把民主落到实处，在听证会、民主讨论会上要给农民工代表充分的表达意见和主张的机会，落实他们的话语权，不只要给他们“听”的权利，更重要的是要给他们“说”的权利。同时，要通过法律手段来完善公共参与渠道，通过出台政府信息公开制度、听证会制度等一系列制度、法规，也为公众参与提供法律和制度保证。除了常规的参与渠道外，政府应与时俱进设法开辟新的渠道，借助各种新兴媒介，努力开拓方便可行的参与渠道。

6.4　社区建设与农民工社会管理

在西方社会，社区建设（Communiey Building）是与社区发展、社区规划、社区内外资源的发掘、社区力量的凝聚等概念相近而又紧密联系的概念，是社区工作和发展领域的重要内容，具体包括强化社区要素、发展社区组织、增强社区活力、提高社区居民生活水平等方面的活动。社区建设的内容包括社区管理、社区服务、社区经济、社区文化、社区教育、社区卫生和

① 许晓莉：《论城市治理中的弱势群体参与》，《湖北行政学院学报》，2007年第3期。

社区治安等几个方面。从概念上看，社区建设应该通过两个阶段实现：第一阶段是“建设社区”，即建立社区，完善其基本功能，增强社区意识；第二阶段是“发展社区”，即发掘社区资源，发展社区事业，实现社区整合①。

6.4.1 社区建设在农民工社会管理中的作用

农民工在城市是否拥有归属感，这是农民工融入城市首先面临的重要问题。只有农民工这个群体真正对城市产生了归属感，他们才会积极主动地参与到城市管理、城市建设之中。社区的作用，主要是对通过建设社区支持体系、支持农民工融入社区而实现社会管理创新的，这就是社区建设对农民工社会管理创新的根本作用机制。社区建设在农民工社会管理中的作用主要有：

一是有利于农民工顺利融入城市。社区既是农民工生存和生活的主要空间，也是农民工顺利完成角色和身份同步转变的场域。在这里社区不仅包含生活区域的“硬条件”，更包含诸如制度约束、职业身份、文化价值和社会交往方式在内的“软条件”。因此，农民工的城市社区融入不仅仅是一个身份转变的过程，更是一个在多层面展开的向城市化转变的过程。

二是有利于农民工获取社会支持。社区支持是一种正式社会支持的手段，它包括社区参与、社区管理、社区服务、社区保障等丰富的内涵，而这些因素可以统称为社区建设。社区支持对应着农民工城市社区融入的社会和心理融入层面，能够帮助其真正地融入城市社区，在经济生活、社会生活和心理层面上完成城市化②。因此，社区支持是促进农民工社区融入的有效方式。在社区建设过程中，通过社区建设和社区管理，现代城市社区承担起了越来越多的社会功能。主要包括：社会服务和社会保障的功能；人的社会化功能；社会参与的功能；社会稳定和社会整合的功能。充分发挥社区的各项社会功能，尤其是社会融合功能，使之成为农民工和市民平等相处的熔炉，对于加速农民工融入城市社会具有重要意义，主要体现在：以社区为依托，通过农民工和市民互动，可以构建和谐的社会关系；通过实施服务和救助，可以保障农民工的基本权益；通过改善建设和管理理念，可以帮助农民工平等地融入城市社区，分享公共资源和经济社会发展成果。这些效果，一部分直接实现了农民

---

① 张利军：《农民工的社区融入和社区支持研究》，《云南社会科学》，2006 年第 3 期。

② 时立荣：《透过社区看农民工的城市融入问题》，《新视野》，2005 年第 4 期。

工社会管理创新，其他则为农民工社会管理创新提供了基础。

6.4.2 农民工社区生活基本状况

从城市社区的角度来看待农民工进入城市后的社会生活，大体上可以分为如下三类：

（1）未进入社区的类型。这类农民工主要是一些在企业打工的农民工和进入建筑队的农民工群体。他们的生活特点是：一是集体居住，一般与城市居民分离开来，形成独立的聚居区；二是基本保持在农村的生活习惯，社会交际网也限于亲戚、老乡、同事等亲缘、地缘、业缘关系，与城市居民基本没有直接的交往关系；三是没有进入城市社区，就算是管理也大部分通过雇主管理，流动性强。

（2）“准社区”类型。这类农民工是以产业和地缘为基础形成的，多数是在城乡结合部形成的农民工聚居地。他们尽管居住在一个聚居区，但不具备城市社区管理体制，与当地居委会和社区会存在一定的经济关系，但社会关系疏离。

（3）进入城市社区的类型。这类包括在城市居住了一定的年限、有稳定住所、有稳定收益的农民工，以及零散在城市社区租房的农民工，也包括部分已经在社区买房的农民工老板。这一类农民工是已经进入了城市社区的管理体制，能够较多与城市的居民交往，交往的内容较多地涉及业缘关系或生意上的来往，情感的交流较少①。即使这类农民工，由于缺乏城市户口，仍然摆脱不了城市“边缘人”地位，而且也同样缺乏对社区的归属感和心理认同，这部分农民工也并没有真正平等地融入城市社区②。

6.4.3 农民工难以融入社区的原因

当前，还存在农民工难以融入社区的难题，农民工与城市居民之间还存在明显的显性或隐性的隔阂。具体来看，农民工难以融入社区的主要原因有：

（1）农民工愿意融入城市社区与难以融入城市居民群体之间的矛盾。农

---

① 朱力：《论农民工阶层的城市适应》，《江海学刊》，2002 年第 6 期。

② 杜万忠：《农民工的城市社区融入问题探讨》，《石家庄法商职业学院教学与研究（综合版）》，2008 年第 1 期。

民工对城市社区有着强烈的归属与认同，表现在他们认同并依恋城市中的劳动就业方式、收入与物质生活水平、潜在的发展机会以及可以利用的资源，这种归属感与认同，使他们之中的很大一部分人希望能留在城市工作与生活。同时，农民工由于外界与自身的原因对城市居民缺乏认同与满意，对城市居民群体归属感弱，表现在农民工与城市居民的联系沟通太少，仅限停留在生活必需的层面。加之城市居民对农民工难以接受和不愿接受的原因，农民工难以融入城市居民群体的现象愈发突出。更为关键的是，中国农民所固有的乡土意识和封闭主义倾向的作用，农民工往往会做出一种现实的对策与选择——以原有的人际网络为基础，在城市重建原来的生活方式，这就造成了农民工固守着狭隘的交往圈，保护并延续了他们身上的传统意识观念，阻碍了其对城市社会的认同与归属，阻断了其融入城市的进程，助长了农民工“过客”心态的生长和膨胀①。

（2）城市社区的封闭性使农民工被“边缘化”。农民工对城市社区的认同强烈，他们都很向往过上城市人的生活，希望融入城市社区。但与此相悖的是，由于原有户籍制度的约束，大量进入城市社区的农民工，却一直无法在城市社会中获得合法的市民资格和工人身份。例如，居住需要暂住证或居住证，歧视性的社会公共政策，各种名目的乱收费，无法享有的城市福利，等等，这些因素都强化着农民工在城市社会中所处的“边缘化”状态②。

6.4.4 农民工社会管理创新过程中社区建设的对策

（1）将农民工按类别纳入社区管理。按照农民工与社区的关系所分成的3种类型，即没有进入社区的类型、“准社区”类型和进入社区的类型，对他们应分别解决其社区融入问题。

一是对于没有进入社区的类型，由于他们大多集体居住、集体流动，与城市居民没有直接交往关系，往往直接复制了农村的生活习惯，没有进入城市社区或者居住地没有设立社区管理机构，因此可以在集体居住地设立社区居委会等常驻机构，注重加强社会服务等实质内容，并在社会服务、社会参

① 马广海：《农民工的城市融入问题》，《山东省农业管理干部学院学报》，2001年第3期。

② 杜万忠：《农民工的城市社区融入问题探讨》，《石家庄法商职业学院教学与研究（综合版）》，2008年第1期。

与等方面提供条件，加强其与市民的互动。

二是对于“准社区”类型，由于他们以某一种关系为吸引形成一个聚居区域，并重建了原有文化模式，居住地具有完备的自我生活服务体系，在空间、人际交往等方面开始具备社区的特征，对这类农民工，应该跨越文化等因素建立真正的社区，成立社区管理体制。

三是对于进入城市社区的类型，由于他们已经进入了城市社区，面临的主要问题是社会融入比较肤浅。因此，对这类农民工应该采取措施推动他们纳入城市社区管理体制，通过生活管理和服务，加强其与城市居民的互动，鼓励其培养与城市居民的良好人际关系，进一步培养其对城市社区的联系紧密度与归属感。

（2）加强社区建设，实现农民工社区支持，帮助农民工融入社区。通过加强社区管理、社区服务、社区保障以及其他社区公共服务等各方面的努力，支持农民工较好地融入社区中，并建立和谐的社会关系，促进社会稳定与和谐。

一是创新社区管理体制。社区管理体制，也称社区管理制度，是由社区发展动力、利益主体、权力结构、运行机制和监督机制等多方面内容构成的综合性、系统性管理制度。① 城市政府在计划经济时期形成的管理理念、管理体制和管理方法，很不适应新的工业化和城市化迅速发展的时代潮流，不适应建设和谐社会的要求，因此社区体制已经随着向市场经济的转变发生了重大转型。但是，转型时期大规模农民工的出现，对社区管理体制是一个冲击，也提出了更多的要求。作为社会管理者的政府，应该切实改变管理理念，变治安管理为社区管理，将农民工纳入社区管理体制，寓管理于服务，全面考虑农民工在城市生存和发展的需要。这不仅有利于其融入城市社会生活中，更有利于城市化和社会的和谐。

二是发展社区服务事业。“社区服务”实际上是“社区社会服务”的简称，其对象是社区居民，其内核是福利性、公益性社会服务②。农民工作为城市社会中的特殊群体，相对于城市居民，在基本生活条件和公共服务等方面都是匮乏的。所以，应该依托社区的民政、劳动、教育、文化、卫生、治

① 徐永祥：《社区发展论》，华东理工大学出版社，2000 年版。

② 同上。

安等方面公共服务，充分发挥社区在农民工公共服务方面的重要作用，将服务落实到包括农民工在内的每一个社区成员，使之成为政府对农民工提供管理和服务的接口。就当前的问题而言，尤其要重点解决的是农民工子女教育、公共卫生等方面的需要，解除其后顾之忧。

三是落实社区保障。社区是我国社会保障事业的落脚点，它以国家社会保障制度为基础，以社区居民作为社会保障对象，承担或实施社会保障工作。① 目前，社区已经开始承担了越来越多的社会保障具体事务，如社会救助的审查和发放、失业保险和再就业介绍等。作为一个社会的弱势群体，社会救助、失业保险和再就业介绍、社会福利等对农民工具有重要的作用。作为社会支持的手段，应该首先考虑以社区为依托，将农民工纳入社会救助体系和再就业体系中，特别是最低生活保障制度。

四是将农民工作为社区参与的主体。社区参与主要是指让社区居民参加社区发展规划等公共事务与公益活动的行为及过程，社区参与是对社区居民对社区发展责任的分担和对社区发展成果共享的一种体现。将农民工作为社区参与的主体，参与公益事业和社区发展事务，有利于维护其自身的政治、社会权利，也有利于培养其对社区的责任感和归属感，是支持农民工融入社区的有效方式。最基本的，可以考虑将农民工安排为社区服务的提供者，比如说在社区保洁绿化、居民生活服务、家务劳动服务事业等方面发挥作用。最终目标是能够平等参与居委会主任、委员的选举，当然，这是以将农民工纳入社区管理体制为前提的，这就绕不开户籍制度的制约，因此探索如何超越这些因素实现农民工社区参与的途径是无法避免的课题。

6.5 小结

本章从构建“党委领导、政府负责、社会协同、公众参与、法治保障”格局中的社会组织和公众参与角度出发，集中阐述了社会组织、公众参与、社区建设对于农民工社会管理创新的重要意义，分析了社会组织、公众参与、社区建设在农民工社会管理创新中的作用，并探索了如何发挥社会组织作用，充分实现公众参与，促进社区建设与融合来创新社会管理的对策建议。

---

① 徐永祥：《社区发展论》，华东理工大学出版社，2000 年版。

7

工会组织与农民工社会管理创新

健全党委领导、政府负责、社会协同、公众参与、法治保障的社会管理格局，一个重要内容就是要支持工会等人民团体依照法律和各自的章程开展工作，参与社会管理和公共服务，维护群众合法权益。工会是党领导下的工人阶级群众组织，是联系党和职工群众的桥梁，是会员和职工们的权益代表，应充分地挖掘自身所特有的功能和优势，积极果断地参与到社会管理当中，在完善社会管理体系、推动社会管理创新，促进社会和谐稳定等方面发挥应有的作用。

我国二元经济结构的历史背景以及当前我国正处于城镇化快速推进时期的客观现实，共同造成了现阶段引人注目的农村居民进城务工现象，在城镇中形成了规模很大的农民工群体。农民工群体客观上已经成为我国城市居民的构成部分，他们在各个方面无不参与或见证着城市的变迁和发展，因此，对于农民工群体的社会管理显得尤为重要。此外，我国户籍制度的存在成为农民工定居城市和融入城市的制度障碍，农民工在城市中的就业、生活、社会保障等方面的权益保障还不够充分。在此背景下，工会组织更应该发挥自身力量，吸纳和鼓励农民工加入工会组织，积极参与农民工社会管理，为维护农民工权益和进一步推动和谐社会建设贡献力量。

本章首先分析工会组织参与农民工社会管理的意义，其次明确工会组织参与农民工社会管理的任务和保障，并探讨工会组织参与农民工社会管理的途径，最后借助对四川省农民工参与工会情况的调查分析以及工会对四川省农民工就业满意度作用的实证分析，对四川省工会组织在参与农民工社会管理与创新时的作用情况进行现实考察（见图7－1）。

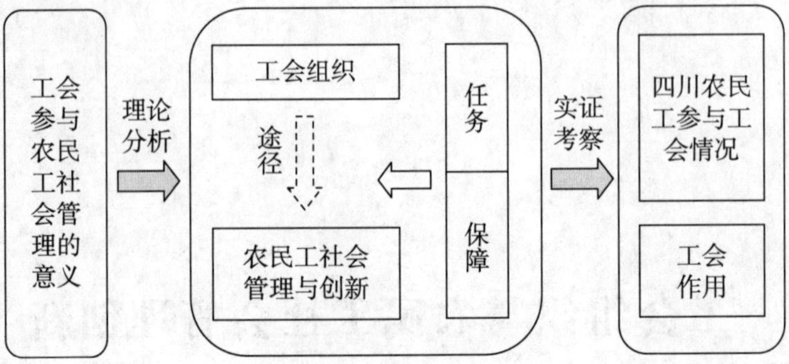

图7-1 工会参与农民工社会管理创新研究思路图

7.1 工会组织参与农民工社会管理的意义

对于社会管理体制而言，政府单一行使管理职能不能适应社会发展的需要。相比之下，建立由政府、社会组织及公众多方参与的多元主体共同进行管理的新型社会管理局面尤为迫切，也成为社会发展的趋势。当前，农民工已经成为社会系统的有机组成部分，在社会生活的不同领域以及社会发展的各个环节，参与着社会系统的协调和运转。作为工人自己的组织，工会成为农民工社会管理的主体之一，在承接政府管理和服务的部分职能，以及参与农民工社会管理与创新方面，有着积极的意义①。

7.1.1 工会组织参与农民工社会管理有助于满足当前形势的客观需要

（1）满足加强和创新社会管理的需要。一方面，工会组织负有加强和创新社会管理的责任。当前我国正处在深化改革和加快转变经济发展方式的关键时期，对社会管理的强化和创新具有迫切的要求。工会组织是重要的社会团体，积极参与社会管理，参与各种社会问题的妥善解决和各种社会风险的妥善应对，是时代赋予的社会责任。另一方面，工会参与农民工社会管理是满足社会结构发展变动的需要。当前我国经济结构以及社会阶层结构发生了

① 李登菊：《主动作为、积极参与、务求实效——工会参与社会管理与创新的思考》，《四川工人日报》，2011年5月19日。

重大变化，随之而来的是一些社会问题和矛盾。特别是二元结构发展所引致的农民工、城市流动人口现象的加剧，给社会管理工作带来前所未有的挑战，这就对工会组织提出了新要求。工会及时参与农民工社会管理和创新、积极承担社会转型时期的社会管理责任、参与化解相关社会矛盾、构建农民工社会管理，满足了社会结构变动对社会管理新局面的需要。

（2）满足农民工群体的需要。一方面，农民工群体队伍规模增大，需要工会参与社会管理和创新。目前我国工人队伍不断壮大，就全国而言，入会的工会会员已超过2亿人，再加上参与工会组织的农民工群体，入会工人总量超过2.4亿人。然而，受限于制度障碍，在城市中，农民工群体在就业、收入、社保等多方面的情况并不甚理想，可以说，农民工群体仍属于城市的边缘群体。此种形势下，工会更应加大建设力度，吸纳更多农民工加入工会组织，参与农民工社会管理与创新。另一方面，农民工就业状况与城市工人有较大差距，需要工会参与劳动权益的保障。当前，随着经济发展，城市用工主体呈现多元化特征，务工人员结构也有一定变化，企业竞争日趋严重。我国一些劳动密集型企业会遇到新困难和新问题，如不和谐的劳资关系。据有关报告，劳资冲突是我国当前面临的首要社会矛盾。一般而言，劳方相对资方处于弱势，对进城务工的农民工而言更是如此。这种情况下，工会成为农民工的依靠，可以代为维护农民工的利益，平衡劳资关系，减轻或化解劳资矛盾。

7.1.2 工会组织参与农民工社会管理有助于丰富和创新社会管理内容

（1）有利于构建社会管理多元主体新局面。就我国社会管理体制改革而言，其总体且最根本的要求，即是将管理主体由传统的单一型向现代的多元型转化，最终形成“党委领导、政府负责、社会协同、公众参与、法治保障”的多元主体社会管理新局面。在过去的社会管理中，党和政府的作用得到了充分发挥，我国也积累了大量宝贵的相关经验。因此可以说，当前和今后社会管理创新的主要着力点会是社会的协同和公众的参与方面。工会参与社会管理本来就属于内容创新，有利于发挥社会各方面在社会管理中的协同作用，并有利于为群众的广泛参与提供平台。此外，由于农民工现象影响深远，其所带来的相关问题值得深入研究。因此，工会组织参与农民工社会管理，拓展了社会管理内容的创新范围，充分体现社会协同和公众参与的社会管理新局面。

（2）有利于构建具有中国特色的农民工社会管理体系。在我国社会管理和创新的总体要求下，党的领导以及工会等社会团体充分发挥作用，如此的社会管理体系体现了中国特色。农民工是我国特有的经济和社会现象，而工会作为党、政府和农民工联系的桥梁，协助做好当前形势下农民工群体工作，加大参与农民工社会管理和公共服务的力度，是中国特色农民工社会管理体系的重要构成部分，这体现了我国的制度优势。

7.1.3 工会组织参与农民工社会管理有助于进一步强化工会自身建设

（1）有利于坚持走中国特色社会主义工会发展道路。农民工现象所带来的经济和社会效应彰显，在这样的形势下，要重视农民工问题、解决农民工问题，积极、妥善地应对及对社会经济发展带来的相关影响。工会参与农民工社会管理与创新，是服务大局、积极稳妥解决社会问题和推动社会经济发展的现实选择，是维护农民工合法权益的直接途径，是设身处地立足于农民工群体并服务于农民工群体的重要措施，是扩大党的群众基础、巩固党的执政地位的必然要求，这保证了工会坚持走中国特色社会主义工会发展道路。

（2）有利于工会职责更好地履行。一是维权职责。我国工会的起源、性质和地位决定了维护职工合法权益是工会的基本职责。目前发生在农民工群体中的权益损害事件频出，工会可在参与农民工社会管理时充分突出其维权职能，努力改善农民工劳动环境。二是参与职责。农民工为城市建设和经济发展作出了重大贡献，但他们大多出自农村地区，以前较少参与管理国家政治、经济、文化和社会事务。工会可在参与农民工社会管理时，动用各种民主管理手段，动员和引导广大农民工参与民主管理，更好地履行自身的参与职责。三是教育职责。农民工群体普遍文化程度不高，干着城市居民一般所不愿从事的职业，非常渴望获取知识和科学技术。工会可在参与农民工社会管理时，积极引导广大农民工学习相关文化知识和技术，提升群体素质，增强其就业能力，从而帮助其更好地改善自身生活条件并服务于地区经济建设。

（3）有利于开创工会工作的新局面。总体而言，社会管理的许多领域都被工会的工作所涉及，其间有着直接或间接的关系。如社会管理和服务体系的完善，与民众密切相关的民生政策的落实，和谐劳动关系的发展和维护，职工合法权益的维护等。工会组织加强和创新社会管理，特别是参与农民工社会管理，意味着工会组织工作领域的进一步拓宽。这为工会组织更好地发挥作用提供了更为广阔的舞台，是开创工会工作新局面、创新工会发展的绝佳时机。

7.1.4 工会组织参与农民工社会管理有助于促进社会和谐发展和稳定

（1）有利于加强农民工与政府之间的沟通。经济形势变动以及城镇化发展呈现阶段特征，农民工的利益诉求需求越发强烈，这对政府与农民工之间加强沟通、建立互信和平等的对话机会提出了迫切的要求。目前党委政府和农民工群体之间直接、制度化的对话平台和矛盾解决机制建设不足，农民工群体的利益诉求不能充分表达，尤其是劳动关系矛盾呈现多发性和群体性趋势，这加大了社会管理的成本。工会组织横跨政府和农民工群体，是党联系职工群众的桥梁纽带，具有服务群众渠道广泛、联系群众紧密、基层情况掌握清晰的特殊优势，在新的多元主体的社会管理体系中，工会可充分发挥自身优势，促进农民工与政府间的沟通和交流。

（2）有利于妥善做好农民工群众工作。多样的问题和复杂的形势对农民工群众工作的应对提出要求，当务之急是加强和改善农民工群众问题，包括其就业环境的改善、经济权益的保障、城市和社会融入、其子女的教育、身份的认同等诸多方面。工会组织可通过与农民工直接、紧密且广泛的接触，将工作渗透到农民工群体工作的各个方面和各个环节。

（3）有利于促进社会和谐发展和稳定。农民工社会管理目标之一，是通过相关各方利益的协调以及相关各方社会矛盾的化解，促进社会公平正义以及社会和谐发展和稳定。目前，农民工最关注的仍然是劳动收益和相关权益的保障。工会组织参与农民工社会管理和创新，通过调解以劳动关系为核心的利益矛盾，直接服务于农民工群体，帮助农民工群体解决劳动就业和生活中的现实困难和问题，这无疑有利于促进社会的和谐发展和稳定。

7.2 工会组织参与农民工社会管理的机理分析：任务、途径和保障

当前农民工群体的需求涉及多个方面，如良好的就业质量、完善的劳动保障、合理的经济收入以及和谐的劳动关系等，而这些也正是农民工社会管理所必须面对的内容。作为联系党委、政府和工人群体的纽带，工会组织最基本的职责就是要维护工人的各项合法权益。工会组织应明确自身在社会管理中的任务，把握自身在社会管理中所发挥的作用，探索参与社会管理的途径，积极发挥工会力量，努力参与到农民工社会管理当中。

7.2.1 工会组织参与农民工社会管理的任务

工会组织要担当农民工群体的利益代表，参与到农民工社会管理中，首先需要明确自身的任务。这有助于工会组织找准定位，准确高效地发挥工会的协同作用。在参与农民工社会管理中，工会组织的任务应当包括：

（1）主动强化农民工群体自身参与社会管理的意识。农民工是工人群体的重要组成部分，在新时期发挥着重要的作用。社会管理改革要求“公众参与”，农民工有必要也需要参与到社会管理当中。工会组织需要发挥组织、引导和教育的功能。具体来说，要最大限度地将农民工吸纳进入工会组织，利用各种媒介进行宣传，引导广大农民工主动树立参与社会管理的主体意识，积极合理表达自身的利益诉求，增强农民工履行自身民主权利、承担义务的责任，同时提升农民工素质，提高农民工参与社会管理的水平。

（2）妥善协调农民工群体与各方面的利益关系。农村居民进城务工，主要是为了通过参与社会劳动而获得相对较高的收入，改善生存条件。这样，在城市中的农民工群体就与其他各个方面产生各种社会关系，其中最受关注且影响最为直接的即是经济利益关系。工会必须站在维护农民工合法权益的基本立场之上，积极协调农民工群体与社会其他各方面的利益关系，特别是由劳动关系而产生的经济利益关系，包括介入劳动争议的调解、提供法律援助等。要畅通农民工群体的利益诉求通道，构建和完善维护农民工各种利益的长效机制，稳妥推动和谐劳动关系的建设、维护和发展，最终促进农民工和各方面利益的协调，促进社会和谐。

（3）积极参与与农民工群体密切相关的社会政策的制定。农民工群体是

否可以融入城市生活，享受社会经济发展的成果，很大程度上受到相关社会政策的影响。在农民工社会管理体系当中，工会组织作为农民工群体利益的直接代言方，一项重要任务便是参与相关社会政策的制定。我国《工会法》也规定，涉及职工利益的社会政策在制定时要听取工会意见。因此，工会应及时了解和把握广大农民工的意愿，通过积极参与相关社会政策的制定，来表达农民工的利益诉求和主张，确保社会政策充分考虑到农民工的切身利益。

（4）充分发挥针对农民工群体的社会服务职能。改善民生、强化政府服务职能是当前社会管理改革的客观要求，政府更好地服务社会，包括服务于农民工群体，也是社会管理改革的一项重要内容。工会在参与农民工社会管理中，需要开阔视野、更新思想、与时俱进，充分认识和领会社会经济变迁的阶段特征，加强和创新对社会的服务力度，拓展政府的社会服务职能。对于农民工群体，工会要完善困难工人的帮扶体系，重视农民工就业培训、劳动权益保障等服务环节，完善农民工养老、医疗、工伤等保障制度，切实为农民工服好务，发挥好工会在农民工社会管理中的服务职能。

7.2.2 工会组织参与农民工社会管理的途径

在明确基本任务的前提下，工会需要在自身工作范围内发挥优势，从而有力且高效地参与到农民工社会管理当中。具体说来，工会参与农民工社会管理的途径主要有：

（1）强化参与理念。强化理念是工会参与农民工社会管理工作的先决条件。工会组织参与农民工社会管理与创新，要以工人包括农民工为立足之本、要强化维护农民工权益、为农民工服务的理念。首先，以农民工为出发点，将农民工群体满意与否作为工会参与农民工社会管理的立足点，创新工作方式，积极为农民工群体谋利益。其次，要采取合法措施，健全有效协调、保障农民工各项权益的机制，切实处理好农民工群体与各社会群体之间的利益关系，主动维护农民工的合法权益。再次，要把为农民工服务当成工作常态，以此成为农民工群体融入社会、分享社会经济发展成果、实现合理社会权利的基础性工作。总之，工会组织要充分重视农民工问题的重要性、紧迫性和现实性，充分调动各方面的积极性，强化理念，为投身农民工社会管理做好先决工作。

（2）优化参与环境。工会参与到农民工社会管理工作中，一方面需要面对农民工群体对社会管理和服务需求的大量增加，另一方在面自身原本的工作资源有限，可以说责任和挑战同时存在。因此，必须进一步优化工会参与农民工社会管理的环境，千方百计为工会工作的拓展和参与农民工社会管理创新营造良好的氛围。一是团结奋进，激发广大农民工的动力。当前我国正处于发展的战略机遇和社会矛盾共存的阶段，城镇化快速推进，城乡差距逐步缩小，社会变革迅速，利益多元交织，既有难得的发展机遇，又面对诸多社会问题。要妥善应对这种局面，加快发展是唯一途径。广大农民工是推进改革、进一步加快城乡统筹发展的主力军，工会组织可以通过引导农民工加强认识，树立信心，强化责任感，充分调动广大农民工的积极性，同时丰富他们的科学文化知识，增加劳动技能，提高综合素质，使广大农民工能够团结奋进，共同创造良好的发展环境。二是促进和谐，维护广大农民工的权益。工会作为工人群体利益的代言方，维护工人的利益不但是其任务，也是其更好地参与社会管理与创新的有效措施。农民工社会管理，其实质是对农民工群体的管理和服务。工会组织可从小处着手，提高对农民工的服务质量，进一步加强对农民工的人性化管理，真正通过科学管理、真诚服务的方式维护农民工的权益。工会组织可以作为农民工的代表与用工企业就劳动权益等多个方面进行平等协商，促进劳动关系和谐发展，着力建设和谐发展大环境。

（3）夯实参与基础。工会组织参与农民工社会管理，必须夯实工会工作基础。加大工会建会力度、强化农民工思想政治工作力度和维护农民工群体的稳定，是工会组织参与农民工社会管理的有效途径。一是可推动农民工用工企业建立工会组织，吸收农民工入会，拓宽基层工会组织范围。目前农民工权益受损情况时有发生，一些在企业内部发生的劳动争议等，如果不予以较好的应对，则矛盾可能扩大或演变成为社会问题，甚至对党和国家工作大局产生不利影响。而如果一些矛盾能够借助工会组织的作用和力量在用工企业范围内予以解决，无疑有利于社会管理水平的提高和社会管理创新。二是可对农民工群体开展更加细致的思想政治宣传和教育，用先进的思想和文化引导广大农民工，通过这些措施为工会组织参与农民工社会管理打下良好的思想基础。针对农民工子女或新生代农民工，可进一步加大思想政治工作力度，加强对他们的关心，将解决他们实际困难和问题与提高他们的思想政治觉悟有机结合。通过这些措施，夯实工会参与农民工社会管理的工作基础。三是立足工会自身优势，对可能引发或助涨纠纷或矛盾的事件予以足够关注，从源头上预防与农民工有关的一些纠纷升级。工会的性质决定了其是农民工值得信赖的利益代表，工会具有基础和条件，通过维护农民工群体的稳定推动社会管理水平提升和社会管理创新。

（4）完善参与机制。通过强化农民工维权机制建设、完善工会组织参与农民工社会管理的分层机制、搭建工会参与农民工社会管理的平台、健全工会发挥协同作用的机制等手段，工会可有效参与到农民工社会管理当中。一是完善科学有关的与农民工有效的利益协调机制、利益表达通道、矛盾处理机制、权益保障机制等，在参与农民工社会管理的过程中更好地发挥工会作用。二是根据现实情况，明确各层级工会参与农民工社会管理的责任，在基层工会巩固参与农民工社会管理的地位，在较高层级的工会着力提升社会管理的水平与加强创新，在分层参与的前提下找准各层级工会参与农民工社会管理的重点和工作方向，以同时在广度和深度上取得突破。三是搭建工会参与农民工社会管理的平台，建立多部门有机协作、各尽其责、农民工广泛参与的农民工社会管理平台，探索统筹建立考核评价体系和工作机制，将对农民工的社会管理水平和服务成效纳入日常工作考核。四是强化工会与劳动保障、城乡统筹、城建等部门以及党委、政府、人大和政协的信息沟通渠道建设和工作机制建设，同时强化工会组织与其他社会管理和服务组织的配合，共同形成农民工社会管理大系统。

7.2.3　强化工会组织参与农民工社会管理的保障

（1）确立工会组织参与农民工社会管理的思想保障。思想是行动的源泉。统一的思想能使管理活动趋于有序，从而提高工会组织参与农民工社会管理的效率。同时，理念创新是思想保障的重要前提，对有效推进工会组织参与农民工社会管理意义重大。确立工会组织参与农民工社会管理的思想保障，需要做到三个思想层面的统一：一是坚持协调发展的全局观。注重经济、政治、文化和社会建设的同步协调发展，在参与农民工社会管理的同时，仍需注重农民工群体在经济建设领域、文化精神领域以及民主政治参与领域的权益和主人公意识，运用协调发展的理念统筹解决问题。二是树立科学发展观。要紧抓经济关系和社会关系的互动作用，认清经济发展的客观形势对农民工经济社会生活带来的影响，明确经济结构、社会形态、利益格局和公共需求的深刻变化带来的一系列社会矛盾和社会问题，尤其是关系农民工这一群体切身利益的问题，有效稳妥地解决这些矛盾和问题的同时，更好更快地促进经济发展，以实现加强和改进社会管理的目标。三是落实尽职尽责的实践观。思想的统一和观念的提升服务于行动和实践。确立工会组织参与农民工社会管理的思想保障，不应仅仅停留在思想层面，更需要以创新的理念和观念为指导，作用与实践，切实履行工会的社会责任和义务，积极参与到农民工的社会建设和管理中来，充分发挥农民工服务提供、诉求反映、行为规范等作用，提高社会共识，形成政府、社会和公众共同参与农民工社会管理和服务的合力。

（2）加强工会组织参与农民工社会管理的组织保障。加强工会组织建设实质是强化组织保障，而组织保障是工会组织参与农民工社会管理的重要支撑。由于农民工分散在社会经济组织的各个基层单位。因此，加强工会组织参与农民工社会管理的组织保障方面，尤其需要加大力度强化基层工会组织的建设，从根基上予以稳固。一方面，广泛推动基层工会组织的普遍建立。基层工会组织处于劳动关系协调和职工群众服务的“第一线”，起着“窗口”示范作用。工会组织要有效参与农民工社会管理和建设工作，就必须着力加强组织建设的基层工作，根据基层实际情况，依法推动企业广泛建立工会组织的同时，团结最广泛的基层群众，将其有秩序、有效率、最充分地组织起来，基层工会组织切实发挥其直接参与农民工社会管理的作用，担当起直接做农民工群体工作的重要使命。另一方面，充分激发基层工会组织的活力和主观能动性。目前来看，许多企业还未及时建立基层工会组织，由于组织架构的缺失，使得相当一部分农民工无法加入工会。同时，在已组建的基层工会组织中，也存在部分基层工会组织质量不够高、基础不够扎实的情况，使得工会组织的作用未能得到充分发挥。这对农民工群体的吸引力、影响力将大打折扣，甚至会影响到农民工群体凝聚力的塑造。为此，在广泛推进基层工会组织扩面的同时，仍然需要注重基层组织建设的质量，以此最大限度地将农民工团结到广大基层工会组织中来，充分激发其活力，实现组织保障的充分有效。

（3）强化工会组织参与农民工社会管理的人才保障。人才资源是工会组织参与农民工社会管理工作的不竭动力。工会组织参与农民工社会管理，需要建立长效的人才培养机制，针对农民工群体的特殊性，培养工会组织参与农民工社会管理的专门人才。该人才队伍不仅需要具备良好的组织协调能力、卓越的管理服务能力，还需要掌握社会学、管理学、人口学、经济学、心理学等相关知识。不仅需要了解我国的宏、微观形势和大政方针政策，还需要具备面对社会结构变化和利益格局调整时的应对能力，善于分析问题、总结规律，并善于用新的知识体系和理论方法来指导农民工社会管理工作的具体实际。确立工会组织参与农民工社会管理的人才保障，主要从三个方面着重培养：一是与政府部门协同互动的能力。作为工会组织参与农民工社会管理的专业人员，需要积极主动地与相关政府部门保持联络、加强联系，最大限度地争取相关政府部门的管理资源，从而为农民工群体提供最优质的服务。二是与企业管理部门良性沟通的能力。企业是农民工经济活动的主体，作为参与农民工社会管理的专业人员，应积极主动地与企业协作互动，尤其需要引起企业高层次的管理人员对企业农民工问题的重视，使其参与到基层工会组织的志愿服务中来，提升工会组织参与农民工社会管理工作的号召力，以企业为目标环境有的放矢。三是与社会公众及时对话的协调能力。作为一个社会群体，农民工与社会其他公众有着密不可分的联系，因此，利用社会公众这一平台参与农民工社会管理，将会提高管理工作的质量和效率。

（4）创新工会组织参与农民工社会管理的机制保障。工会组织参与农民工社会管理的机制保障，是指工会组织在农民工社会管理的整个过程中，兼顾其他管理主体、其他管理环节、其他管理关系的协同能动机制，主要包括以下几方面：一是政府主导与工会协同的合作机制。切实解决农民工问题，保障农民工公平享有经济社会的各项权利，是各级政府社会管理工作的目标和任务。和谐劳动关系的建立，需要在各级党政机关的指导下开展，工会组织有效参与农民工社会管理工作亦如此。基层工会参与农民工的社会管理工作，尤其需要配合各级政府和相关部门推进社会公共服务体系的相关工作进行，以此提高基层工会组织参与社会管理工作的有效性和针对性，提升其服务水平。二是民主协商与法律维权的调节机制。民主协商与法律维权是解决农民工经济社会矛盾的两种有效途径，二者处于解决方法的不同层次，有着各自的效果和作用。基层工会组织在参与农民工社会管理的过程中，应适时、合理并行之有效地利用以上两种思路，注重社会管理的方式、方法和相关技巧，把握市场经济下劳动关系调节的一般规律，注重与农民工及与之相关的经济社会主体间的沟通协调，以和平的方式及最小化的成本化解农民工群体中存在的矛盾和分歧，尤其在薪酬机制、劳动合同纠纷、职业人身安全以及农民工社会保障方面，需格外重视。三是纵向协调的源头参与机制。工会组织参与农民工社会管理，不仅需要协调好与横向主体之间的关系，建立良性互动的横向沟通机制，更重要的是垂直序列上的源头参与机制建立。从基层开始，调动农民工自我管理的主人翁意识和社会责任感，为工会组织参与农民工社会管理助力。同时，在企业中层层相扣，建立由管理层到基层的沟通反馈机制，切实做到机制保障的源头参与。

7.3 工会组织参与农民工社会管理的实例考察

7.3.1 四川省农民工参加工会组织的总体状况

随着城市化进城的加快，城乡居民的流动愈加频繁，越来越多的农村进城务工人员在经济生活的各个领域发挥着异常重要的作用。同时，他们对经济社会以及政治生活上的权利诉求也日渐显现。为此，建立接纳农民工群体的基层组织尤其重要，基层工会的建立和发展，无疑强化了工会组织参与农民工社会管理工作的保障力度。尽管四川省是外出务工人员输出大省，但也面临着接纳外地农民工、本地农民工以及返乡农民工的重要任务。

表7－1　四川省农民工参加基层工会组织情况及与全国的比较

年份	基层工会数（万个）		已建工会单位职工人数（万人）		其中：农民工（万人）		农民工占职工总人数比（%）	
	全　国	四　川	全　国	四　川	全　国	四　川	全　国	四　川
2005	117.4	5.5	15985.3	752.6	2594.2	142.2	16.2	18.9
2006	132.4	7.0	18143.6	953.7	4823.7	341.7	26.6	35.8
2007	150.8	8.1	20452.4	1219.8	6432.2	589.4	31.4	48.3
2008	172.5	9.3	22487.5	1383.7	7758.7	744.7	34.5	53.8

注：2005年数据中“农民工”年鉴称谓为“进城务工人员”；该项目数据统计起始时间为2006年，此前年份未统计该项目。

资料来源：根据《中国工会统计年鉴2006—2009》整理。

从四川省组建基层工会组织及农民工参加基层工会组织情况来看，主要呈现以下几个特点：

一是四川省农民工参加基层工会的组织保障有力。如表7－1所示，从2005年到2008年短短4年间，四川基层工会从5.5万个发展到8.1万个，4年增加了2.6万个，增长较快；与之相对应的是四川省已建工会单位职工人数的增长，短短4年间，已建工会单位职工总人数增加了631.1万人。在全国及四川基层工会组织快速发展的大背景下，农民工参加基层工会组织的可能性增强。

二是四川省农民工对基层工会组织的参与度较高。相关数据显示，早在2008年年底，四川全省已组建基层工会9.3万个，已建工会单位职工1387.7万人；其中农民工744.7万人，占基层工会职工总数的53.8%。[①] 可见，农民工对基层工会组织的参与度较高，已略微超过基层工会职工总数的一半，这奠定了四川省基层工会组织参与农民工社会管理的群众基础。

三是四川省农民工参加基层工会组织情况在全国趋优。从全国来看，四川省农民工参加基层工会组织情况较好，如图7－2所示，2005年到2008年间，全国农民工占基层工会职工总数的比重由16.2%上升到34.5%，四川省基层工会农民工占工会职工总数的比重一直领先于全国，从2005年占基层工会职工总数的18.9%上升到2008年的53.8%，高于全国水平。说明四川省基层工会组织参与农民工社会管理的工作态势良好。

四是四川省各市州基层工会组织在农民工中支持度高。早在2005年，四川广安市总工会就启动了企业农民工入会工作，当年吸收农民工近8万名。2006年6月，广安市又率先在广安区牌坊村成立了村级工会联合会，并在有一定工业基础、劳务输出100人以上的重点村发展村级工会和吸收农民工入会。截至2007年年底，广安市173个乡镇全部建立工会，同时组建村级工会1332个，共计29万农民工加入工会组织。[②]

五是四川省少数民族农民工参与基层工会组织协调发展。以巴中市为例，早在2006年8月，四川省巴中市4个农民工工会联合会就在各区、县成立，全市85个建筑工地的4000多名农民工加入工会，其中少数民族农民

---

① 数据来源：《中国工会统计年鉴2009》。

② 国际在线："四川广安29万农民工加入工会权利有保障"，2008年3月31日，http://gb.cri.cn/18944/2008/03/31/882@2000792.htm。

工 912 名。① 做到了少数民族农民工群体经济社会权利的公平保障，是农民工参与基层工会组织的重要基础之一。

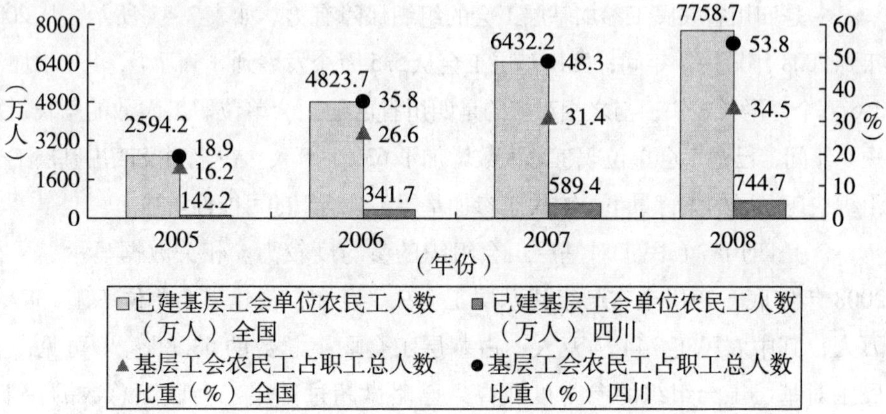

图 7-2　四川省农民工参加基层工会情况及与全国的比较

7.3.2　四川省农民工参加工会组织相关情况的调查结果

为了进一步了解农民工参加工会组织的相关情况，我们在对农民工进行调查时设置了相关问题，并尝试就农民工参加工会组织情况与相关变量进行交叉分析，但未能得到有显著意义的结论。因此，仅将数据调查结果进行总结，资料来源均为调查数据分析所得。

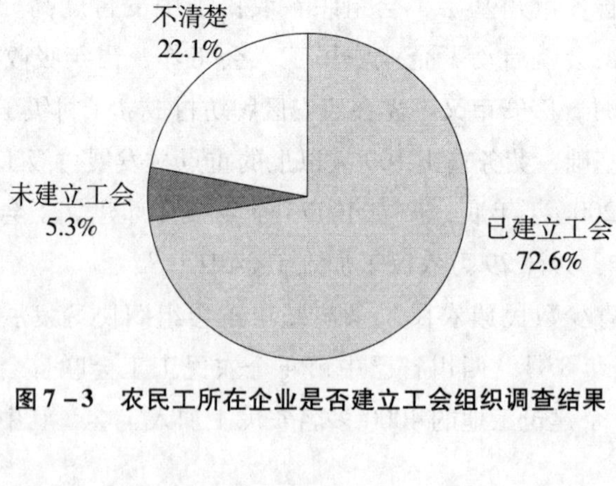

图 7-3　农民工所在企业是否建立工会组织调查结果

① 四川省民委："四川省巴中市 900 余名散居少数民族农民工加入工会组织"，2006 年 9 月 14 日，http://www.seac.gov.cn/art/2006/9/14/art_797_97916.html。

表7－2　农民工加入工会组织相关情况调查结果　　单位:%

调查问题	是	否
已经加入工会	56.0	44.0
参加过工会的活动	51.8	48.2
得到过工会帮助	49.0	51.0

第一，从农民工所在企业工会组织建立情况来看，有超过七成的企业建立了工会组织，情况比较理想。接受调查的农民工中，有72.6%的人明确表示自己所工作的企业已经建立了工会组织，有22.1%的人表示不知道企业是否已经建立工会，有5.3%的人表示所在企业没有建立工会组织（见图7－3）。

第二，参加工会组织、参加过工会组织的活动以及得到过工会帮助的农民工比重，几乎都在50%左右，说明工会参与农民工社会管理与创新的空间很大。其中，超过一半的农民工参加了工会组织，接受调查的农民工中，有56.0%的人明确表示自己已经参加了工会组织，有44.0%的人表示没有参加工会组织；约半数农民工参与过工会组织的活动，接受调查的农民工中，有51.8%的人明确表示自己参与过工会组织的活动，有48.2%的人表示没有参与过工会组织的活动，近半数农民工得到过工会的帮助；接受调查的农民工中，有49.0%的人明确表示得到过工会的帮助，有51.0%的人表示没有得到过工会的帮助（见表7－2）。

第三，从参与工会组织的意愿来看，大部分农民工希望参加工会，说明工会参与农民工社会管理与创新有良好的基础，但仍有近三成农民工没有充分认识到工会的作用。接受调查的农民工中，有63.4%的人明确表示希望加入工会组织，有6.9%的人表示不希望加入，有29.7%的人表示没有考虑过是否希望加入工会（见图7－4）。

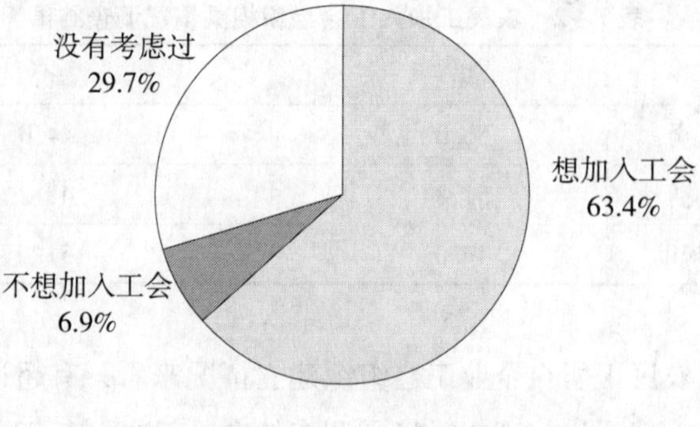

图 7-4　农民工加入工会组织意愿调查结果

7.3.3　工会对农民工社会管理水平作用的实证分析

由于当前农民工最关注的问题多与劳动就业和劳动关系有关，如劳动收入、劳动保护、就业质量等，因而可以用就业满意度来综合反映农民工对于自身就业状况的感受。而劳动关系是农民工社会管理的重要内容，因此农民工就业满意度也可以从一定程度上反映农民工社会管理的水平。农民工对自身就业满意度高，针对其的社会管理水平则相对较高。

本文意在研究工会对于农民工就业满意度的影响，以此来反映工会对农民工社会管理的作用。对于农民工就业满意度的衡量，本文采用的问卷中设置了五个层次的回答，分别是"非常满意"、"比较满意"、"一般"、"不太满意"、"非常不满意"，五个层次对于就业的满意程度逐级递减。而对于工会作用，本文选取"是否得到过工会的帮助"这一问题作为指标载体，答案为"是"和"否"两类。

首先，将就业满意度与是否得到工会帮助两变量进行交叉分析（见表 7-3）。由表可见：在得到过工会帮助的人中，就业满意度为"一般"者占比最高，达到 56.4%；其次是"比较满意"和"不太满意"，分别占 21.8% 和 15.2%，前者高于后者 6.6 个百分点；"非常满意"和"非常不满意"比重相近。而在未得到过工会帮助的人中，就业满意度为"一般"者占比仍然最高，也达到约 55%；"比较满意"者占比低于"不太满意"者 19.4 个百分点，"非常不满意"者占比也高于"非常满意"者 5.8 个百分点。此外，从交叉分析的 Pearson Chi-Square 指标来看，数值达到 29.6。数据表明，总体而言，得到过工会帮助的农民工对就业的满意度要高于没有得到过工会帮助的农民工，也即是否得到过工会帮助与农民工个人的主观就业满意度有较显著的关系。

表7-3 农民工就业满意度与是否得到过工会帮助交叉分析结果

	就业满意度					合计
	非常满意	比较满意	一般	不太满意	非常不满意	
在得到过工会帮助的人中	3.10%	21.80%	56.40%	15.20%	3.50%	100.00%
在未得到过工会帮助的人中	2.10%	7.90%	55.00%	27.30%	7.90%	100.00%
在所有人中	2.60%	15.00%	55.70%	21.00%	5.60%	100.00%

数据来源：根据调查数据分析。

其次，在确定了就业满意度与工会存在显著关系的前提下，结合理论分析和数据可获得性等考虑，本文选择可能影响农民工就业满意度的因素（见表7-4），在控制其他变量的基础上，就工会对农民工就业满意度的影响进行实证分析。根据研究目的，本文以农民工就业满意度为因变量，用G03标识，并以满意度为“一般”作为参照类别，分析“是否得到过工会帮助”对于就业满意度类别变化的影响；本文选择表7-4内所示影响因素为自变量。结合研究目的，再考虑到Multinomial Logistic模型相对Ordinal Logistic模型成熟，因此此处选择前者进行分析。

表7-4 农民工就业满意度影响变量

变量所表示因素	变量标识	变量类别
性别	A01	分类
年龄	A02temp	连续
受教育程度	A06	分类
外出累计工作月数	A10temp	连续
工作变动次数	A11	分类
目前企业所属性质	B01	分类

续表

变量所表示因素	变量标识	变量类别
是否签订劳动合同	B03	分类
最近一月每天工作时间	B05	分类
是否得到过工会的帮助	B16 *	分类
是否参加了失业保险	C12	分类
现在月收入	D02	分类
与企业中当地员工关系	E01	分类

注：* 所指变量为本文着重考察变量。

再次，本文借助 SPSS 软件，选择 95% 作为变量选入检验概率，在固定“是否得到过工会帮助”变量作为选入变量之一的前提下，采用逐步回归法，得到如下结果（见表 7－5）。在表（表 7－5）中，“是否得到过工会帮助”、“年龄”、“工作变动次数”以及“现在月收入”四个变量被同时选入模型，且各变量均显著（Sig. <0.05）。

表 7－5　模型变量选入结果

Effect	Model Fitting Criteria	Likelihood Ratio Tests		
	－2 Log Likelihood of Reduced Model	Chi－Square	df	Sig.
Intercept	945.380（a）	0.000	0	.
b16	980.561	35.181	4	0.000
a11	968.672	23.292	12	0.025
d02	971.823	26.443	12	0.009
a02temp	977.837	32.457	4	0.000

最后，由于本文着重分析“是否得到过工会帮助”的影响，因此略去了模型拟合后其他自变量系数等情况，简化后的模型拟合结果如下(见表 7－6)。通过分析自变量的系数可知：得到过工会帮助者较未得到过工会帮助者而言，使其就业满意度为“非常满意”的 Logit P 比就业满意度为“一般”平均多 1.324；使其就业满意度为“比较满意”的 Logit P 比就业满意度为“一

般”平均多1.118；使其就业满意度为“不太满意”的Logit P比就业满意度为“一般”平均少0.548；使其就业满意度为“非常不满意”的Logit P比就业满意度为“一般”平均少1.679。

表7－6　模型各自变量系数拟合结果

g03（a）		B	Sig.	Exp（B）
非常满意	Intercept	−5.395	.002	
	[b16=1]	1.324	.062	3.758
	[b16=2]	0（b）	.	.
比较满意	Intercept	−2.317	.001	
	[b16=1]	1.118	.001	3.058
	[b16=2]	0（b）	.	.
不太满意	Intercept	1.319	.024	
	[b16=1]	−.548	.042	.578
	[b16=2]	0（b）	.	.
非常不满意	Intercept	.179	.858	
	[b16=1]	−1.679	.010	.187
	[b16=2]	0（b）	.	.

注a：因变量以就业满意度为“一般”为参照类；

注b：变量系数为零表示分类自变量参照类。

从另一个角度，通过分析因变量的每一个类别相对于“一般”而言的发生比率Exp（B）可知：在控制其他变量的情况下，对于就业满意度为“非常满意”而不是“一般”这种情况的发生比率，得到过工会帮助者是没有得到过工会帮助者的3.758倍；对于就业满意度为“比较满意”而不是“一般”这种情况的发生比率，得到过工会帮助者是没有得到过工会帮助者的3.058倍；对于就业满意度为“不太满意”而不是“一般”这种情况的发生比率，得到过工会帮助者是没有得到过工会帮助者的0.578倍；对于就业满意度为“很不满意”而不是“一般”这种情况的发生比率，得到过工会帮助者是没有得到过工会帮助者的0.187倍。

总之，与“一般”相比，得到过工会帮助的农民工就业满意程度高的情况发生的可能性更大，且“非常满意”发生的可能性大于“比较满意”；与

"一般"相比，得到过工会帮助的农民工的就业满意程度低的情况发生的可能性更小，且"非常不满意"发生的可能性小于"不太满意"。由以上分析可知，"是否得到过工会帮助"确是影响农民工"就业满意度"的重要因素。按照前文所述，若将农民工对就业的满意程度看成农民工社会管理水平的一方面反映，则以上分析表明工会对于农民工社会管理确有重要且积极作用。

7.4 小结

本章着重分析农民工社会管理创新与工会作用。首先，分析了工会参与农民工社会管理的重要意义；其次，从任务、保障和途径三个方面，探索工会参与农民工社会管理的机理；最后，通过对四川省农民工参与工会总体状况及相关调查情况的总结，以及以四川省为例的工会在农民工社会管理中作用的实证分析，对工会组织参与农民工社会管理进行了实证考察。总之，工会参与农民工社会管理，不但有其重要且现实的意义，而且是非常必要的，也是完全可行的。通过明确任务，把握途径和重视保障，工会将在农民工社会管理中扮演无可替代的角色。此外，经验数据和事实也证明，在农民工社会管理中，工会确可发挥重要作用。

8

农民工权益保障与社会管理创新

党的十七届五中全会上提出了完善“党委领导、政府负责、社会协同、公众参与”社会管理格局的基本要求，在这一基础上，党的十八大提出了加快形成“党委领导、政府负责、社会协同、公众参与、法治保障”的社会管理体制。这首次明确了“法治保障”在社会管理中的重要地位和积极作用，提出了法治化的社会管理根本要求，彰显了“依法管理”的法治精神，夯实了社会管理的法治基础，确保社会管理活动始终纳入在法律、制度的框架内。具体到农民工社会管理上，强调法治保障，最为根本、最为首要、最为核心的是切实保障农民工的基本权益。之所以这样讲，一方面在于社会管理的根本方向是法治化。法治化的核心要义是充分尊重农民工的公民权利、保护农民工的基本权益，当前农民工面临的一个重要问题就是基本权益得不到保障。另一方面在于社会管理的核心在“人”，我们强调农民工社会管理，其根本之处在于，“农民工”才是社会管理的主体。充分保障农民工社会权益，就是充分尊重“人”的价值，就是从根子上切入农民工社会管理创新。因此，在这个意义上讲，农民工权益保障居于社会管理创新中的核心地位。综合各类农民工权益受损事件，也都可以看到法治的缺位和无为、对“人”的价值的漠视；反之，但凡我们看到农民工权益得到充分保障，我们都能看到法治闪现的光辉、“人”的价值的凸显。农民工社会管理创新，不能仅靠行政手段来达成，也很难藉由社会良知觉醒而实现，而是要依靠制度和法治来实现，要靠尊重农民工的主体地位来实现，这从根本上讲就是要求充分保障农民工的基本权益。由此，本章分析了农民工权益保障的现状，研究了农民工权益受损的制度困境，提出了充分保障农民工权益、创新农民工社会管理的对策建议。

8.1 农民工权益保障现状

分析农民工权益保障现状，首先要厘清权益的基本概念。何谓“权益”，似乎不言而明，一般意义上讲就是个人的不可侵犯的合法权利，包括了公民的政治权利、经济社会权利、人身权利、民主权利以及正当利益等。简言之，权益就是权利和利益的组合。由此，农民工应该享有所有公民依照宪法规定在政治、人身、经济、社会、文化等方面享有的权利，如平等权、政治权利、宗教信仰、人身自由、监督权、物权、文化权利等，凡是宪法所赋予的权利，农民工概莫能外。另一方面，农民工作为从农村流向城市的群体，空间的变动会带来相关利益的变动，如农民工可同时获得工资性收入和土地收入，但只要在法律框架内，这种合法利益都应该得到保护，某种利益的获得不应以放弃其他的利益为代价。可以说，我们研究农民工权益保障的逻辑起点就在于农民工所应享有的基本权益。更进一步地，我们再来看农民工权益的特征，就会发现农民工权益具有应然性，必须享受“天赋人权”的自然权利。农民工权益具有发展性，不同时期，这种权益具有不同的内涵，所享受的种类和数量也有所不同；农民工权益具有争取性，这种权益的获得本质上是对利益分配和资源配置的变动，这就会有争夺，既得利益者和利益损失者的斗争。当然，这种调整或是革命性或是渐进式的，有人主张权益也总会有人反对主张权益。

关于农民工权益的基本构成与基本特征，这是我们必须首要回答的问题。从不同的理论出发，我们也可以对农民工权益作出不同的解读和划分。依据马斯洛需求层次理论，将人的需求由低到高划分为生理需求、安全需求、情感和归属需求、尊重需求、自我实现需求，这种划分方式为我们研究和划分农民工权益提供了一个非常好的视角。生理需求对应的是农民工基本的生存权益，包括了平等就业权、劳动权、性权利等；安全需求对应的是农民工的安全保障权益，有社会保障、土地权等；情感和归属需求以及尊重需求则应了农民工与城市市民同等的权益，渴望在身份上、地位上融入城市的愿望，如监督权、选举权与被选举权等政治权益等；自我实现需求则对应了教育培训权益、创业权、自由权等方面[①]。这种划分方式最为突出的地方，是把“人”是社会管理的核心这个本质要求强化了，凸显了农民工的主体地位，彰显了农民工权益保护的积极意义。

8.1.1 就业生存权益

就业生存权益的本质在于就业规则与机会的平等。应该说，社会与法制发展到今天这个阶段，对农民进城就业的政策限制已经基本突破，劳动力自由择业并进入劳动力市场的障碍已基本被废除。这是社会的一个巨大进步。但农民工在就业方面仍存在不公正的对待。比如地方政府明确规定优先招收城镇劳动力，不为农民工提供就业的基本公共服务，农民工在就业过程中容易发生劳动纠纷而被政府和社会漠视，《劳动合同法》等法律法规在实际执行过程中存在损害农民工基本权益的问题，等等。具体来看，一是对农民工就业的公共服务歧视，城乡二元就业制度导致对农民工就业权利的忽视；二是对农民工就业权益的故意损害，如拖欠工资、不签订劳动合同、故意克扣工资、劳动保护不足，等等；三是对农民工劳动权的严重剥夺，特别是对劳动报酬权和休息、休假权的严重剥夺，农民工很难按国家法定节假日进行休息，有些甚至连基本的双休制度都难以实现，工作时间过长，而获取的劳动报酬总体偏低，等等。以上都是农民工的平等就业权益没有真正得到有效保障的体现。本书的调查研究也表明，农民工很少能接受政府提供的就业与相关公共服务，有近40%的农民工有被拖欠工资的经历，大量农民工没有依法享有相关劳动保护，等等。这也说明保障农民工平等就业权益尚有很大的改进空间。

8.1.2 安全保障权益

农民工的安全保障权益是指能给农民工带来安全需求的权益，包括了社会保障权益、土地权益等。农民工安全保障权益是当前农民工权益中最为关键、矛盾也较为突出的领域，也是当前城乡二元框架下，社会保障体系的二元结构所导致的。与城市一般居民社会保障权的实施情况相比，农民工社会

---

① 有研究这样划分农民工权益。参见苏燕平.《农民工权益保护研究》，西北农林科技大学博士学位论文，2012年。

保障权在实现方面存在的问题还很突出。这集中表现在以下几个方面：一是社会保障立法缺失。一般意义上讲，农民工流动至城市，成为产业工人，理应享有和城镇工人同等的社会保障权益，但受户籍制度、法律缺位等因素影响，农民工社会保障权利常常受损。到目前为止，国家虽然制定了关于社会保障的相关法律法规，但部分法规在适用主体的规定上还比较模糊，农民工被排除在外；而在农民工社会保障方面内容缺失严重，迄今为止还没有一部系统的城乡社会保障法。这是导致农民工社会保障权益缺失的根本所在。二是关于农民工社会保障相关制度不够完善。虽然现在城市政府在地方法规或行政政策中对农民工社会保障权制定了一些规范，但制度的设计和具体执行环节往往导致农民工无法享受相关权利。加之城市政府考虑到财政负担问题，大都不愿意承担农民工社会保障的责任。以失业保险为例，城市居民在失业期间，享有失业保险，可以领取失业救济金，但农民工所在企业大多为了减轻负担而不愿意缴纳失业保险，最终导致农民工在失业时无权享有失业救助。另外，如社会救助、社会救济等，一般都与农民工无缘，粗暴、简单的社会救助往往成为农民工心中的噩梦，而货真价实的社会救济则往往只针对具有城镇户籍的弱势群体。另外，土地权益的保障也是一个相当重要的问题，土地作为保障农民工安全生存的底线，他人不得随意剥夺或在不尊重农民工意愿的前提下进行置换或交易。下一步，随着土地权的全面推开，土地权益保障应不是难事。

8.1.3 政治尊严权益

农民工的政治尊严权益是包含了人格尊严权、罢工权、参政议政权、选举权与被选举权等权利的集合。就当前的现实来看，农民工政治尊严权益的保障并不容乐观。一方面，本书的调查研究表明，农民工满怀融入城市的强烈愿望，但另一方面，农民工离融入城市尚远，城市环境难以平等地尊重农民工。以农民工的人格尊严权为例，政府应公平对待农民工，但实际上政府在农民工具体生活中的作用极为有限。城市政府的确为农民工提供过公共服务，如就业、培训、法律援助等方面，农民工对此予以肯定，但很少认同政府在其中发挥了显著作用。另外，农民工对城市居民的认同感较低，没有太多的融入感。农民工在与城市居民的交往中，常常会被城市居民轻蔑与轻视，在面临这种情况下，农民工大多选择和老乡、同事、亲戚等进行交往，这又进一步加深了农民工和城市居民之间的隔阂和分歧。这种典型的二元社会交往网络结构，不利于城市的健康发展，也不利于农民工群体的融入，最终表现为高地位——低地位的社会差序格局以及农民工尊严权利的受损。更进一步地，在这样一种社会格局下，容易产生两个群体的对立，极易引发对农民工污名化的情况，比如肮脏、容易犯罪、收入低下等符号化的侵犯人格的表达。即便“农民工”这个为官方所惯用的表达，话语的背后也存有浓浓的“歧视因子”，伤害着他们的情感。此外，相关政治权利，比如选举权与被选举权，虽然在部分城市得以推动，但实际上还远远不够。

8.1.4 自我发展权益

马斯洛需求层次理论认为，最高层次的需求，是指对实现个人理想和抱负，充分发挥个人才能的需求。这种需求层次的满足，是通过发挥自身的潜力，使自己能成为期望的人物。对应到农民工权益，就是以自我完善、家人平安、融入城市以及兴业创业的更高级别需求为引导，包含了教育培训权益、创业权、自由权等在内的相关权益。首先来看农民工子女教育权益。国家已经出台了关于农民工子女接受义务教育和高中阶段教育的相关政策，要求各地根据实际情况妥善处理好农民工子女上学问题。多渠道地观察和了解发现，部分城市或地区对相关政策落实得比较到位，在办学场所、师资力量、财政支持等方面给予了有力支持，妥善解决好了农民工子女入学问题。但仍有部分地区并没有很好贯彻多渠道解决农民工子女接受义务教育的政策，甚至违背政策继续实行公办学校对农民工子女入学多收费，个别地方简单粗暴关闭农民工子女简易学校。2012 年 9 月，国务院办公厅发布文件，要求各地在 2012 年 12 月 31 日前出台异地高考具体办法。作为教育公平乃至社会公平的重要标志，异地高考逐渐升温成为备受瞩目的社会民生议题之一。但现实表明，这种打破原有利益格局的政策在落实和执行方面难度极高，大部分地区都没有拿出破解异地高考难题的有力举措，相反，看到的是户籍制度、地方保护主义、大学招生的地域歧视横行。农民工子女作为异地高考的大部分群体，长期受到这种社会政策的歧视，感受不到教育公平的正面力量，是现行高考政策的最大受害者。农民工作为参与其中的主体，子女的教育已经包含农民工自我实现的深刻内涵，显然，子女教育权益的受损直接影响到农民工权益。党的十八报告强调“要积极推动农民工子女平等接受教育”，我们期待着那一天的到来。此外，农民工在创业、接受培训等方面都或多或少存在社会歧视，这种权益受损的格局甚至都没在大部分农民工的考虑范围之内。

8.2 农民工权益受损的制度分析

之所以对农民工权益受损进行制度分析，是因为制度才是当前制约农民工权益保障的根本所在，制度才是带有全局性、根本性的重大问题，解决制度问题才是通往农民工权益得到充分保护的必由之路。农民工这个群体的出现正是城乡二元制度所造成的，而农民工权益受损也是由于城乡二元制度所导致的。因此，在这个意义上，我们对农民工权益受损进行制度分析的核心和根本都要归结到城市二元制度这个复杂制度变量框中去。具体来讲，主要有以下几个方面：

8.2.1 户籍制度

一般意义上的户籍管理制度是管理住户和人口的制度，其核心功能在于通过完成住户与人口的信息登记来实现掌握和控制住户和人口的地区迁移。新中国建立初期，我国人口在城乡之间是可以自由流动的，公民的自由迁徙权得到了充分保障。但农村人口大量涌向城市，给城市就业、食品供应带来巨大的压力，农村也因劳动力的流向出现了农业劳动力短缺的现象。为了应对这一局面，中央政府在1958年颁布了《中华人民共和国户口登记条例》，从此宣告了现行户籍制度的诞生。这种户籍制度把人口按照职业划分为农业户和非农业户，严格限制农村人口向城镇移动。从而人为地形成了城乡隔离的二元户籍制度。应该说，在计划经济时代，这种管控方式适应了计划经济体制的需要，一定程度上推动了我国现代工业的发展。但随着计划经济向市场经济体制的转轨，现行户籍制度与新体制格格不入，对人口迁移过度僵化严格的管理和控制制度日益凸显其弊端。主要表现在：阻碍了劳动力的自由流动，造成我国城镇化滞后于工业化；阻碍了农村剩余劳动力向城市转移，间接阻碍了传统农业向现代农业的转化；限制了人口自由流动，不利于生产要素的自由流动，抑制了市场经济活动。随着改革开放的深化和市场经济的深入人心，虽然仍然保持了二元户籍制度，但农村剩余劳动力转移的障碍有所弱化。大量农业人口转移至城市，成为了我国社会转型时期具有农民身份、从事工人职业的特殊群体——农民工。长期的二元结构和计划经济时代户口所附带的经济社会利益，原本作为信息登记功能的户口异化成了身份和地位的象征，异化成了城市管理者的重要行政手段，粘连着社会保障、医疗、教育、就业等公共服务。以户籍制度为核心的一系列就业制度、教育制度、社会保障制度和医疗制度在保障城市居民权益的同时，也将进城务工的农民工排斥在外，造成了事实上的制度性歧视。

户口导致了农民工这个群体无论在经济利益、生活状况还是在社会保障、心理状态方面都无法真正融入城市之中。制度上的歧视迫使他们不得不在体制外生存而形成漂泊不定的流动人口。这些流动人口一方面进城后没有正式的身份，在社会保障、住房、教育、婚嫁等方面面临一系列困难，这既不利于维护流动人口的合法权益又不利于城市社会秩序的稳定；另一方面，又由于这些流动人口的户籍还保留在原来的乡村社会里，也不利于农村土地流转、农业规模经济的发展。这种二元户籍制度，明显不符合市场经济的公平竞争原则，严重影响了城乡统一市场的形成。这种制度的差异必须得到改变，应逐步改革不合理的户籍制度，建立城乡统一的以身份管理和居住地为核心的户籍制度，实现以居住地划分的城镇人口和农村人口，以职业划分农业人口和非农业人口，使户籍登记能够准确反映公民的居住和职业状况，以消除因制度因素带来的身份歧视。

8.2.2　就业制度

依据劳动力市场分割理论，我国普遍存在着两个劳动力市场。一个是收入高、劳动环境好、待遇好、福利优越的劳动力市场，可以称为“第一劳动力市场”；另一个是收入低、环境差、福利少的劳动力市场，可以称为“第二劳动力市场”。二元劳动力市场的形成与我国城乡分离的二元户籍制度密切相关。户籍制度对农村人口进入城市作出了明确的限制性规定，致使城乡人口形成两种不同的经济和社会待遇，体现在就业中就是城乡分割的二元就业体制。

我国20世纪80年代中期，广大农村劳动力在改革开放浪潮的推动下，从乡村流向城市，从落后省区流入发达省区，从中西部流向东部，但大部分农民工是在第二劳动力市场就业的，这与大多数农民工的受教育水平和技能训练情况有很大关系。这只是原因之一，不能进入第一劳动力市场还有更为关键的制度约束原因——户口。由于这一障碍的存在，即使其在劳动技能方面达到了第一劳动力市场的要求，也很难进入该市场。所以农民工在城市劳动力市场上并没有取得平等的就业资格，多数情况下仍然作为被排斥对象而遭受就业歧视。这种歧视主要表现在三个方面。一是工资歧视。所谓工资歧视，是指对相同生产能力的工人根据身份提供不平等的劳动报酬，具体体现为同工不同酬以及私营企业主故意克扣、拖欠农民工的工资，后者属于变相的同工不同酬。尽管国家三令五申，但每逢年底，各地农民工讨薪不断，克扣拖欠农民工工资问题已成为当前影响社会稳定的主要问题。二是雇用歧视。雇用歧视是指农民工只是因为一些非经济因素，如身份、性别等而未被雇用。二元的劳动力市场使得农民工无法取得与城市人同等的劳动资格，城市里的许多工作，农民工不是不能胜任，而是因为没有城市户口而被拒绝雇用。因此，农民工只能进入次属劳动力市场，而次属劳动力市场上又由于农村劳动力的大量过剩而使劳动力供大于求。农民工时常面临被解雇的命运，就业极不稳定。三是职业歧视。职业歧视是指由于农民工出身于农村，被人为地进行职业分隔，只能被迫从事那些脏、累、苦、差的职业，即属于第二劳动力市场的职业，这在现实中表现为许多城市都对农民工进行总量控制、职业和工种限制、先城后乡控制等。如北京、上海多地规定用工单位必须先公开招聘本市的劳动力，招聘不足，经有关部门批准备案方可招用外劳力。这种就业歧视的存在，使得农民工应有权益得不到保障，成为城市的“边缘人”。

此外，农民工就业还存在以下几个不容忽视的问题：一是农民工就业没有纳入国家就业体系。国家对城市居民实行就业登记制度，建立了完善的就业培训体系和市场服务体系，但农民工很难分享就业资源和政策。二是基层社会管理服务制度缺位。农村劳动力转移就业是一个系统工程，从掌握劳动力资源、就业培训、提供就业信息到维护合法权益都需要政府部门特别是基层行政组织提供完善的管理和服务。但往往基层政府会无视这一现象的存在，常持能推则推、不添乱就好的心态。

8.2.3 社会保障制度

社会保障制度，是国家或社会对社会成员提供的一系列基本生活保障，使公民在年老、疾病、失业、灾害及丧失劳动能力等情况下，能获得物质帮助的制度。现代社会保障制度与市场经济相伴而生，是国家为解决“市场失灵”，达成社会公平而采取的一项做法。社会保障制度具有保障公民的生存权、稳定社会秩序、促进经济发展的功能，是现代国家的安全网和减震器。我国的社会保障制度建立于计划经济体制时期，其最显著的特点就是“二元社会保障体系”，即城市社会保障制度体系和农村社会保障体系。在计划经济时代，城镇居民在单位就业，享受以公费与劳保医疗制度、离退休制度、高福利制度、高就业制度、粮油补贴制度等为主要内容的“企业保障”，而农民则是以土地作为保障的。这种差别产生的根本原因就在于我国在20世纪50年代确立的户籍制度，通过行政手段以户籍为标准把社会成员人为地划分为城镇居民和农村居民，并形成了城乡二元的社会保障体系。20世纪90年代以后，政府对城镇居民的社会保障进行了改革，逐步过渡到了以“五险一金”为主要内容的社会保障体系，而农村则以土地保障为主。当前，国家在农村主要是建立新型农村医疗保险制度、新型农村社会养老保险制度等，目前看来，绝大部分人口已经纳入这套保障体系，农民工参保热情较高，但现在标准较低，参保率还有待进一步提高。

城乡社会保障制度的非均衡发展，使得城市居民与农民享受着不平等的社会保障待遇，这对农民是极大的不公。“农民”，在国外是一种职业。但在我国，则代表着一种身份。二元社会保障体系与社会保障制度建立的基本理念严重相悖，更不符合建设社会主义和谐社会的基本要求。打破二元结构，构建一个“城乡一体、适度发展、不留盲点”的社会保障体系在建设和谐社会的今天已经刻不容缓。当然，我们必须承认，城乡社会保障制度向一体化方向迈进是一个漫长的过程。改革应当分为长期目标和近期目标，应当强调顶层设计与“摸着石头过河”相结合，以低标准、广覆盖、多层次、可持续为原则来推进统筹城乡社会保障制度改革，按照逐步完善、逐步过渡的原则，逐渐向一体化方向演进。

8.2.4 教育制度

从农民工子女入学情况来看，他们事实上存在三种形态：有的农民工子女并没有随父母流入城市，而是留在家乡上学，人们形象地称之为“留守儿童”；有的则随父母进城上学，但他们大都需要缴纳借读费，我们可以称之为“借读儿童”；还有的既不在家乡读书，也不在城市读书，变成事实上的“失学儿童”。这里讲教育制度问题，主要是针对“借读儿童”，是相对城市而言的。农民工进城务工，随之而来的就是子女在输入地就近入学难。从入学方式来看主要有三种，一是高价进入私立学校，仅限于很少部分在城市致富的农民工子女；二是进入公办学校，这部分比例同样很低，除了难以承受较高借读费和学费之外，还需要居住证明、疏通关系，且公办院校愿意接纳。三是进入由教育系统编外人士举办的农民工子女学校，但此类学校不被正式的教育体制所接纳和承认，常年处于非法状态，经常被整顿、清理，且师资力量薄弱、教学环境差、存在安全隐患。这种明显的教育制度割裂和社会体制的分离，导致农民工子女接受教育难，接受高质量的教育更难。

从制度层面来看，有以下几个方面的原因：一是“地方负责，分级管理”的义务教育体制，致使地方政府不想承担农民工子女教育职责，不愿意落实这部分人口的办学经费。加之地方政府的财政预算体制，决定了办学经费无法随人口进行流转，使得经费无法得到保障，这就加剧了农民工子女教育问题的严重性。二是现行户籍制度与人口流动不适应、不协调，农民工子女就地接受教育需要支付高昂的借读费和赞助费，“流动儿童少年就学以流入地管理为主”的政策较难操作。三是教育公平性问题。农民工子女应享有平等的教育权，部分学校和教师歧视农民工子女学生，剥夺了农民工子女学生与城市学生一些同等的受教育权利。随着城镇化进程的深入推进，进城务工趋势不可逆转，农民工子女教育问题已不单是一个纯粹的教育问题，它还关系到下一代国民整体素质，对推动城市建设和发展、加快农村劳动力转移、维护社会稳定、实现社会公平都具有极为重要的意义。打破城乡差别、消除教育歧视，把进城农民工子女义务教育问题作为社会经济发展总体目标之一纳入到全民义务教育的体系中，保障进城农民工子女的教育权利，体现义务教育的公平性，应是我们制度改进的方向。

8.2.5 土地制度

我国现行的农村土地制度包括四个部分：农村土地所有权制度、农村土地使用制度、农村土地使用权的流转制度以及农村土地征用制度。关于农村土地所有权制度，《土地管理法》中明确规定：“中华人民共和国实行土地的社会主义公有制，即全民所有制和劳动群众集体所有制。任何单位和个人不得侵占、买卖或以其他形式非法转让土地。城市土地所有权归国家，农村土地三级所有，即乡镇农民集体所有、村农民集体所有和村民小组农民集体所有。”关于农村土地的使用制度，1998 年党的十五届三中全会上作出的《中共中央关于农业和农村工作若干重大问题的决定》中规定：“实行土地集体所有、家庭承包经营，使用权同所有权分离，建立统分结合的双层经营体制”，“稳定完善双层经营体制，关键是稳定完善土地承包关系，赋予农民长期而有保障的土地使用权。”关于农村土地使用权的流转制度，在 1998 年党的十五届三中全会上作出的《中共中央关于农业和农村工作若干重大问题的决定》中明确指出：“土地使用权的合理流转，要坚持自愿、有偿的原则依法进行，不得以任何理由强制农户转让。”关于农村土地的征用制度，《土地管理法》明确规定：“国家为了公共利益，可以依法对集体所有的土地实行征用。”这是对农村土地制度的一个概览，有助于厘清对农村土地问题的认识。

现行土地制度的一个突出问题是土地并不归属于农民直接所有，土地实行的是一种共同共有的集体所有制，且农民仅享有对土地的使用权。虽然，我国现行的农村土地制度自改革开放之初就发挥了重大作用，使当时农村经济摆脱了困境，促进了农村经济的飞跃发展。但随着改革开放的不断深入，农村土地制度的缺陷日益显现出来，成为制约我国城市化进程中的主要因素。这种制度主要有以下几个方面的不足：一是集体共有的土地所有制形式淡化了所有权意识，导致农民对土地归属的稳定感不足，不利于农民发挥农业生产的主动性。二是分散所有、包产到户的农村土地经营模式制约了现代农业的发展，不利于农业效率增长，成为农村经济发展的制约因素。三是农民工不能将土地这个最大的财产权利带进城，制约了生产要素的自由流动，不利于资源的有效配置。四是现行土地的征用制度决定土地级差地租的收入大部分不为农民工所获，影响了社会的公平性和稳定性。

8.3 保障农民工权益创新社会管理的路径研究

充分保障农民工权益，创新农民工社会管理是一个涉及政府、企业、社会、农民工自身等多个方面的带综合性的社会系统工程。政府在农民工权益保障中居于主导地位，但政府不能越位、错位和缺位，应主要从制度供给、维护社会公平正义出发来充分保障农民工权益。企业在农民工权益保障中肩负着重要的社会责任，维护农民工权益的同时也为企业发展提供了有力的支撑。社会在农民工权益保障中主要起配合和协同的作用，要充分发挥社会组织的积极力量，在保护劳动权益、培育情感归属和加大培训教育力度等多方面着力。农民工需要充分发挥主体作用、积极提高自身素质、进一步增强权益保护观念等。最终通过政府、企业、社会、农民工这四方的紧密配合，凝聚起保障农民工权益的巨大力量。

8.3.1 进一步加大政府的制度供给

研究表明，政府在农民工权益保障中的制度供给不足，是农民工权益保障困境的重要原因。而这种趋于软弱的格局需要政府加快体制改革、加强法制建设、维护社会公平正义，才能得到有效改变。有制度经济学学者认为，按照现有的制度安排，无法获得某些潜在的利益。行为者认识到，改变现有的制度安排，他们能够获得在原有制度安排下得不到的利益，这时就会产生改变现有制度安排的需求①。我们的分析也表明，在现有的制度安排下，农民工权益保障中的种种问题已经使当前社会认识到，改变现有农民工权益保障的制度安排，将有助于农民工权益保障，从根本最有效的途径就是政府加大制度供给②。

政府加大制度供给应重点围绕建立劳动和资本之间的利益协调机制，构建良好的制度环境、合理地组织安排和完善的合作规则这两个方面来展开。按照这个总要求，加大制度供给应强调以下几个方面的工作：政府要加快体制改革与制度创新，建立有利于城乡统筹发展的新机制。政府应加大城乡户籍制度改革的力度，消除附着在户籍制度上的不平等的权利安排，使农村居民和城市居民享有平等的国民待遇；应建立城乡统一的教育体制和政策环境，改革现行的农村教育管理体制，让农村青少年享有平等的国民教育机

① 戴维·菲尼：《制度安排的需求与供给》，载《制度分析与发展的反思》，商务印书馆 1992 年版，第 138 页。

② 在制度经济学家眼里，制度的定义百花齐放。卢瑟福在《经济学中的制度》一书中的定义与分类。制度分为不具有广泛社会意义的个人规制和具有广泛社会意义的社会规则。个人规则包括习惯和常规、道德规则。社会规则包括惯例、法律规范和社会规范。笔者在这里强调的是政府这个最大制度供给方所提供的法律、政策、规范等制度内容。

会；推进城乡职工基本社会保险改革，重点建设农民工社会保险和社会救助制度，逐步使农民工享受基本养老保险、基本失业保险、基本医疗保险，并在农村建立以大病统筹为主的农村新型合作医疗制度和社区卫生服务体系；深化农村财政体制改革，扩大公共财政在农村支出的覆盖面，增加对农村公共产品的供给和农村公共服务，等等；应继续推进市场化改革，实现劳动力市场的统一协调发展，让农民工能够自由流动，从根本上保护农民工的劳动权和市民权；应逐步消除城乡劳动力市场的体制性分割状态，为城乡劳动力创造一个公平的竞争环境和游戏规则；严格整顿针对农民工的不合法和不合理收费、恶意拖欠和克扣农民工工资等行为。此外，政府应为农民工权益保护的实现制定完善的法律法规，做到“有法可依”，并严格执法，让相关法律法规在公权力的运行中得到严格执行。

8.3.2 进一步强化企业的社会责任

企业与农民工的关系实质是劳资关系，其中一个显著特征就是权益的不对等，资方往往居于强势地位，而农民工往往处于弱势一方，造成农民工权益常常受到损害。这种格局一方面是由劳资关系天然不对等所致，另一方面农民工由于自身的弱势在权益受到损害时大多不懂得运用法律来维权。值得指出的是，企业与农民工是劳动关系的核心主体，政府、工会等在劳动关系中所形成的各种权利义务关系都是围绕着企业与进城务工人员的权益而展开的。因此，在这个意义上讲，强化企业的社会责任，完整履行企业应尽职责，才是解决农民工权益保障问题的根本所在。

进一步强化企业社会责任，是要企业确立起以人为本的经营理念。充分保障农民工的基本权益，要把保护农民工权益视为企业天然的义务，视为企业家应有的良心，创造和谐的劳资关系。当前，在劳动力总量开始呈现下降趋势的新阶段，进一步提高工资和待遇、创建安全有序的生产生活环境，既是保障农民工权益的重要内容，更是提高企业竞争力、增强企业凝聚力的根本之策。此外，企业应针对农民工素质不高、文化水平较低的实际情况，着力在提高农民工综合素质上下功夫。要确立农民工人力资源开发的观念，切实消除对农民工的就业歧视，积极开展农民工职业技能培训、安全生产能力培训、政策法律知识培训等内容，提高其劳动技能和知识水平，最终实现积极推动农民工融入企业、融入城市的根本目的。

进一步强化企业社会责任，要把企业社会责任纳入到公司法、劳动法中。这一方面可以充分保障劳动者的主体地位，确立企业社会责任的规范，呼应社会各界对企业社会责任的压力，也可以确立劳动者在公司的民主权利，解决法律执行的难题，实现公司法与劳动法的对接，强调企业权利与责任的对等。把企业社会责任纳入到公司法、劳动法，是要对劳动者参与公司管理作出可操性的规定，强制性规定企业有依法保障劳动者权益的义务，明确企业承担社会责任的具体制度。

8.3.3 进一步发挥社会组织的协同作用

社会组织协同作用的发挥，是农民工权益保障的一个重要方面。社会组织向农民工提供的维权服务有教育培训、政策咨询、心理干预、法律援助、文化休闲，等等。是政府制度供给和企业服务之外的重要力量。从社会组织的外部环境来看，社会组织面临着与政府的关系问题和争取政府财政支持的问题。就与政府关系而言，社会组织在保障农民工权益时，需要建立起与政府的联系，尽量在政府的指导和政策框架内活动，积极与政府互通信息有无，尽量为农民工争取更多权益。除此之外，还需要密切关注政策方向，多参与政府公共服务事项的招标和项目，特别是在农民工欠薪、就业培训等方面着力，争取获得政府支持。

社会组织保障农民工权益还应尽量扩大范围。当前，社会组织对农民工权益保护的项目还不够，主要集中在法律咨询等维权方面，但对于教育培训、组织文化活动、促进农民工融入城市方面做得还不够。农民工权益根本是涉及农民工融入城市的问题，如能实现农民工与城市市民的同等，农民工权益保障也将走进历史的角落。因此，在这个意义上讲，社会组织无力改变政策的格局和走向，但在促进城市融入方面还是大有可为的，这也是社会组织保障农民工权益的重点。比如经常性地开展农民工文化娱乐活动，组织或举办城市生活与沟通、就业指导和学习培训等，更好地保障农民工在城市就业的权益。

此外，社会组织保障农民工权益还有一个非常重要的领域，就是公共媒体的重要作用。媒体作为社会的“喉咙”，是社会各阶层沟通和凝心聚力的重要平台，对社会舆论发挥主导作用。在农民工权益保障中发挥“造势”与“推动”的积极作用，公共媒体义不容辞。新闻媒体应在通过新闻报道推动农民工权益保护、宣传维权政策法律促成维权社会氛围、公正客观塑造农民工作为“新市民”的积极形象、深入探讨农民工权益问题引导社会舆论等方面着力。最终实现舆论正面引导、新闻正向传播、社会正确对待的农民工权益保障的良好氛围。

8.3.4 进一步发挥农民工的主体作用

社会管理的根本在人、核心在人，“人”才是我们一切管理活动的出发点和落脚点。公民社会中，农民工作为权益受损方，这属于公民社会的私人领域。农民工权益受损，是指农民工私人领域的权益受到侵害；农民工权益保护，是指对农民工的私人领域的权益进行保护。这是我们必须首先要厘清的基本概念。当权益受损时，农民工必须要积极行动，努力保护自身的权益，通过自身努力，再加上外在制度和组织的帮助，才能尽可能地保护自身权益。

农民工保护自身权益，需要努力扩大社会资本存量。农民工从传统的熟人社会进入到城市的陌生人社会，从以地缘和血缘为纽带的人际网络进入到以契约为中介的社会网络，这种文化落差不利于农民工权益的保障。农民工在面对自身权益受损时，大多忍气吞声，这是因为农民工在城市社会里所拥有的社会资本较为薄弱，人际关系网络较为松散，“忍受”是农民工时常不得不做出的“理性”选择，不然，成本更高。改变传统的关系网络，多参加一些市民活动，多加入一些社会组织，努力扩大社会资本，这是农民工自身维权的重要方面。

农民工保护自身权益，需要强化自身的法律意识，学会运用法律武器来维护自身权益。缺乏契约精神，依靠熟人社会纽带，这是传统中国和当下乡土社会的一个特征。但在市场经济社会，契约是市场的最核心的组织方式，如果农民工仍然惯用以前的人情社会模式，就极易引起权益受损事件的发生。本书的调查研究表明，农民工其实对法律知识是有一定的认知能力的，但缺乏维权的平台和通道、缺乏足够的法律精神，往往是农民工在自身权益受损时不寻求法律帮助，而采取其他非法律途径解决问题的关键原因。因此，培养农民工的契约意识、法律知识和用法律维权的精神，是发挥农民工主体作用维护自身权益的重要途径。

8.4 小结

改变当前农民工权益受损的局面，维护农民工的基本权益，政府有责任、社会有呼吁、群众有要求。良好经济社会秩序的建立和形成，科学有序的社会治理模式，必要始终把“人”视为一切活动的“源头”的“中心”。本质上来看，维护农民工权益，也是我们通往全体人民自由而全面发展的理想之路。由此，我们全部农民工社会管理活动要充分反映农民工的权利和利益，解决他们面临的若干问题。这样的社会管理和权益保障，不应是政府作为规则制定者而强调农民工管理或强制农民工服从的过程，农民工权益保障不仅需要从上而下，而且需要从下而上的程序与形式来予以保障，管理者与民众均服务于社会整体法律和政策框架之内，没有高低和贵贱之分。这样的社会管理与权益保障，在强调政府的社会管理与公共服务职能之外，还要着力培养各种组织、各类群体进行自我管理、自我监督、自我服务的能力，政府要积极支持和帮助他们实现自治的目的。这样的社会管理与权益保障，还应把政府与社会、群体统筹起来，公共管理与自我治理结合起来，把公共领域与私人领域分别开来，把规则制定与规则执行联动起来，通过紧密协作和共同努力，创造从一个以政府为中心的管理活动走向政府主导与群众相结合、政府管理与自主治理相结合的多中心社会管理的科学有序、生动活泼的现代社会管理格局。

9

农民工社会管理政策体系改革创新研究

9.1 改革创新的基本原则与思路

9.1.1 基本原则

（1）执政为民原则。农民工社会管理创新已经成为关系到中国社会经济可持续发展的重大问题，是关系到能否全面实现小康社会的问题。因此，政策的制定与执行必须以人民利益为最高利益，坚持群众利益的原则是制定公共政策的基本原则。

（2）客观实际原则。公共政策的决策必须建立在对现存系统客观科学进行考察和诊断，并指出系统存在的缺陷和弊病的基础上。加强和创新农民工社会管理政策制定的复杂性，决定了必须考虑到系统所处环境中的各种因素和变量，特别是区域的具体情况，要因地制宜，科学决策。

（3）效益优先原则。公共政策制定要把政策对社会产生的实际影响放在首要位置。加强和创新农民工社会管理政策制定，必须要以其能否有效促进区域的经济社会发展为标准，把政策的积极影响和效益作为政策制定的根本出发点。

（4）渐进主义原则。公共政策制定中不可避免地要遇到激进主义和渐进主义的两个对立观点。加强和创新农民工社会管理政策制定，同样会遇到这个问题，根据农民工社会管理的现状和历史演变，渐进主义是一种理性的选择，农民工问题涉及方方面面，不可能一蹴而就，必须要考虑到改革的风险、成本和负面影响。不用激进主义原则，并不是说农民工社会管理改革可以“温吞水”式的慢进，可以“不着急”式的缓推，而是根据经济社会发展实际，与政治体制改革、经济体制改革等齐头并进推进。

（5）综合协调原则。加强和创新农民工社会管理涉及整个社会的管理体制与管理制度的各个方面。因此，制定相关政策要对系统内外各方面的情况做通盘考虑和安排，在把握系统整体的前提下，实行科学的分析和总体的把握，以实现政策决策的总体目标。

（6）远近结合原则。加强和创新农民工社会管理问题的难度决定了问题的解决非一朝一夕能成，因此，必须遵循主次先后、轻重缓急，以达到远期与近期成效兼顾的效果。

9.1.2 基本思路

（1）消除歧视，提供无差别的公共服务是解决农民工顺利融入城市的根本途径。没有歧视，实行无差别的公共服务要求城市执政者更新理念，不再以户籍而是以常住人口为依据，各政府要重点依据进城务工人员数额来科学合理布局。

（2）加大人力资本投资是农民工社会管理创新的根本保证。政府是公权力部门，对于农民工问题的解决，政府负有主要责任。当前，农民工素质偏低是农民工社会管理创新的主要制约因素，而农民工的人力资本投资主要是通过社区教育和社会各界向农民工提供社会服务、教育培训来实现的。因此，要重点实施对农民工的人力资本投资。

（3）给农民工以平等的“市民身份”是制定农民工社会管理政策的出发点和落脚点。当前农民工市民身份的主要障碍在于户籍制度，取消现行户籍制度不仅必要，而且可行。现在全国各地正在积极探索户籍制度改革，为下一步全国性的改革奠定了良好的基础，这要求未来必须彻底清理计划经济遗留下来的、以户籍制度为核心的限制、排斥和歧视农民工的政策。

（4）保障农民对承包土地的合法权益是农民工社会管理创新的重要内容。承包土地的合法权益是农民工可以依赖的最后屏障，因此绝大多数农民工也不愿进城而放弃土地的承包权。在农民依法、自愿、有偿出让土地之前，必须首先切实保障农民对土地的合法权益。

（5）区分不同群体的政策效应是提高政策效应的重要方法。政策对象的不同决定政策的制定、执行的成本、实施的路径和政策效应。农民工在经济社会特征、群体行为特征等方面存在巨大的群体差异，因此，不同地区、不同层级的政府部门和不同企业、不同社会服务机构在制定相关政策、管理办法和服务制度时，要充分考虑不同农民工群体的政策效应。

（6）统筹处理好相关主体的博弈关系是政策有效实施的重要保证。我国自上而下的行政管理体制，决定了农民工社会管理政策的制定实际上是一个寻求中央政府与地方政府、地方政府之间、政府与企业、政府与农民工群体之间的博弈过程。各级地方政府在财政、税收、工资、福利待遇、社会保障、保险以及城市公共设施的建设、城市管理等方面，都存在不一致的地方，甚至存在一定的冲突，在政策制定中应充分考虑到这点。

9.2　政策设计的路径选择与总体框架

9.2.1　路径选择

政策设计路径是政策设计的方法、途径、模式和机制的总称，其内在机制能影响政策设计的合法性、政策的科学性和政策的可行性。由于我国处于社会经济转型时期，在政策设计方面存在严重的路径依赖。在设计农民工社会管理的相关制度与政策的过程中也存在这样的现象。如对农民工管理依然以政策为主、法律为辅，农民工流动、农民工权益的保障必然以具有很大弹性的政策为基本措施。对农民工的人力资本投资、农民工子女教育问题的解决依然会在城乡分割二元模式的旧框架下进行，不会有任何实质性的突破。另外，随着市场经济体制的逐步完善，如果仍然以集体所有占主导地位的土地所有权为前提，必然导致在土地承包契约关系中，集体处于主导地位，农民处在被动接受的不平等地位。这种具有行政指令性和排斥市场机制的作用依然与改革初期没有大的变化。因此，要使相关制度与政策设计有突破性进展，必须对政策设计的路径进行创新。

政策设计路径选择要注意以下问题：

一是防止跌入路径选择的低成本陷阱。政策创新从来都不是一帆风顺、一蹴而就的，而是充满风险，甚至可能失败的。变革越大、风险越大，成本可能越高；反之，成本可能越低。对于保守派或者风险厌恶者，往往会选择风险较小、成本较低的路径。但政策改革成功与否以及是否让群体获得最大利益，是不以改革的成本为取向的。之所以这样讲，是因为制度变迁过程中存在报酬递增和自我强化这个典型特征，即后来的制度是以前置制度为变革前提的，如果前置制度是良性的和正确的，后来制度改变就会被不断优化；而如果前置制度是劣行的或错误的，后来制度改变就会被不断恶化。而在农民工社会管理创新中，我们现行政策的出发点和理论依据是计划经济模式下政府行政管控为主的，这样的政策内容早已不能适应当前市场经济的发展，也即这个前置制度不断递增和强化的结果是导向完全相反的政策方向。因此，在农民工社会管理中，我们一定要厘清这个认识，避免陷入路径选择的低成本陷阱，而是要沿着符合群众需求的制度变革路径一路往前，而不以成本的高低来决定改革与否。

二是谨防传统意识形态的路径依赖。一般来讲，政府在政策制定与执行环节都会偏好政治与社会稳定，这就在改革关口极易导致传统意识形态的路径依赖，而不是选择突破或是改变。比如关于流动人口管理，认为人口流动影响社会稳定，这是一种没有看到人口流动经济效率的偏颇看法，但由于行政权力优势和过去的管理成效，加之对市场经济条件下公共管理的疑惑和经验能力的不足，就往往会形成不予改变或沿着传统路径改变的观点，加之既得利益集团的干扰，也导致对过去路径存在严重依赖。

三是改革成本分摊机制。由于我国政府一般是以“届次”作为评价政绩和功过的时间窗口，改革的成效往往难以在当期实现，但改革成本和风险又多是由主持改革的当届政府承担。这种政绩导向再加之转型期的困难多、压力大，往往就会导致政府决策者改革目标函数以政权和社会稳定为第一目标。在改革目标不明、把握不大、阻力较强的情况下，宁可沿用以前的制度和制度变迁路径，不愿冒风险去改革创新。

因此，在作出政策设计的路径选择时，要着重把握三个方面：一是新路径的选择必须以适应市场经济作为根本前提，要认识到农民工社会管理创新问题是中国“三农”问题的核心，认清完善的社会主义市场经济体制才是社会管理创新的大背景，务求要摆脱原有经济体制的路径依赖。二是路径选择必须以提高制度的经济效率为鲜明导向，把经济效率放在更加突出的位置。三是科学调整各方利益。农民工社会管理政策体系的构建涉及公共管理机构的调整与重组，涉及多方利益调整变动。因此，政策设计过程不可能一帆风顺，必须要设置动态修正机制，不断矫正路径偏差，避免再度出现体制锁定，使农民工社会管理制度创新始终沿着既定目标前进。

9.2.2 政策设计的总体框架

整个农民工社会管理政策可分为三个层次、两大部分。三个层次是国家、省、市；两大部分是指保障政策部分和促进政策部分。

（1）纵向设计的三个层次。强调顶层设计，建议在国家层面可制定《农民工社会管理法》，把农民工问题与农民工社会管理全面、彻底地纳入法制轨道，以法律规范为主，以政策引导为辅。在整合中央各部委力量的基础上，以劳动保障部门为主进行统一的规划，调整工作职权和机构，从总体上规范各级管理部门的职责、权利和义务。在省级层面，各地根据《农民工社会管理法》的精神，在中央的统一部署下，清理各种不符合《农民工社会管理法》精神的规定和制度，同时根据农民工社会管理的具体情况，制定提升农民工社会管理科学化水平的一系列实施细则和地方性法规与政策，明确地方各级政府和部门在农民工社会管理方面的职责、权利与义务。在市县层面，市县级地方政府在上级的统一部署下，清理各种不符《农民工社会管理法》精神的各项地方性规定，进一步明确地方各级政府和部门在农民工社会管理方面的职责、权利与义务，同时也调整相关管理机构的职能与权力配置关系。

（2）横向设计两大部分。即中心政策部分和外围政策部分。所谓中心政策部分，是指围绕农民工社会管理本身的相关政策。其设计的核心思想是赋予农民工成为完全的城市劳动者或产业工人所必须的制度保障和权利，使农民工与城市劳动者享有平等的竞争权利。政策的主要构成为：一是允许农民自由迁徙。要允许农民自由选择居住地、工作场所和就业机会。这点虽在现实中并无障碍，但相关法律配套还需要进一步明确。二是福利待遇平等。从理念上、内容上都要对农民工与市民同等待遇，要让农民工与城市市民一起公平地享受城市福利。三是子女受教育平等。目前对农民工子女受教育的权利还存在一定的歧视现象，具体包括子女就学难、收费高、学校歧视等，要充分保障农民工子女在入学机会、入学条件等方面与城市市民子女一致。四是权益保障平等。这些权益包括签订劳动合同权、确保人身安全权、参与民主政治生活的权利等。

所谓外围政策是指虽不属于农民工社会管理本身，但与农民工社会管理政策息息相关的政策内容。其设计的核心思想是要创新增加城市拉力与农村推力的政策体系，包括产业政策、劳动力政策、土地政策等，实现推动农民工城镇化的目的。一是制定良好的产业政策。在经济较为落后地区或西部地区制定劳动密集型的政策有助于更多地容纳农民工就业，能够缓解农民工就业问题，也能促进农民工实现就地转化就业，降低农民工进城的成本。同时，要加强对农村的投资，加快农业现代化，大力发展农村非农产业，促进农民工既向大城市转移，也向中小城市转移。二是农村劳动力发展政策。对农民工加大人力资本投资，促进农村人力资源开发，增强农民工转移的能力，完善和大力发展农村地区的基础教育和职业教育体系。三是土地政策。要确保农民工对土地的使用处置权，土地依然是广大农民工最主要的财产，也是最基本的保障。在此基础上，培育和发展农村土地市场，必须始终尊重农民工的市场主体地位和自主决策权，让农民工在规定的范围内自主选择土地流转的形式和途径，推动生产要素的自由流通。

9.3 农民工社会管理政策体系改革创新研究

前面所述农民工社会管理创新的基本原则和思路，以及政策设计的路径与总体框架，是在更为宏大的视角下为农民工社会管理政策体系改革创新作出的铺垫，也是政策体系的基本要求和框架。因此，围绕上述要求，研究给出的农民工社会管理政策体系改革创新措施主要有以下几个方面。

9.3.1 改革农民工社会管理的制度供给

改革农民工社会管理的制度供给，是为了在制度上、根子上改变或改善不利于农民工权益保护、不利于农民工社会管理创新、不利于农民工顺利融入城市的种种做法，是带全局性、系统性、根本性的问题。改革，应主要从以下几个方面着力：

(1) 改革户籍制度

户籍制度改革是当前推进农民工社会管理和基本公共服务均等化的重要内容，消除城乡差别最首先必须要消除城乡居民身份上的差异。应当说我国公民的自由迁徙权部分得到行使，但受制于户籍制度的影响，公民并不具备完整的自由迁徙权，所受的约束还比较多，不能享受均等的公共服务，成为束缚农民工充分融入城市的桎梏。具体而言，按照理想的户籍改革模型，应从以下几个方面着力。

一是充分尊重和保障公民的自由迁徙权利。自由迁徙作为一项基本人权将得到国家法律的确认和保护，受法律的调节。宪法和法律在确认公民自由迁徙权的同时也需要规定限制情形，迁徙自由必须以维护公共秩序以及保障其他公民的权利不受侵犯为前提。这是大方向和根本原则。

二是建立统一的户口登记管理制度。在全国实行统一的户口登记管理制度，是要打破农业户口与非农业户口的区别，全部居民按居住地进行户口登记。努力让户口不再是社会身份和社会地位高低的象征，不再承载公共服务供给的给付标志，恢复户籍作为身份登记和信息统计的最原始功能。这种统一的户口登记管理制度，使得新迁入的居民与原来的居民享有同等的权利，歧视和不平等待遇的现象也会消失。户口登记管理，作为一项国家行政管理制度，除了为公民的民事行为提供便利外，还为政府各个部门的社会经济管理活动以及商业主体的经营活动提供人口信息资料，进而使政府能够提供合理规模和必要质量的公共产品和服务，并使资源在一定社会范围内得到更优化的配置。

三是建立完备的人口管理系统。针对当前普遍的“人户分离”现象，需要政府建立完备的人口管理系统。传统以“户”为单位的户口登记制度已很难对人口进行有效的管理和监控，人口管理方式改革的方向，应是从以户籍管理为主向以身份证管理为主过渡，最终替代户籍管理。现在人口管理活动中已经广泛使用了计算机、互联网等现代技术工具，大大地提高户籍管理的水平和效率，在技术上是完全可行的。

四是科学设置超大城市户籍准入门槛。由于我国城市发展体系极不均衡，超大城市（所谓超大城市，就是指北京、上海、广州等人口资源环境压力极大，而优质公共服务资源又极为集中的城市）集中了几乎最好的公共服务资源，因此超大城市成为了很多人的理想选择，这也给城市带来了不可承受之重。这种困境，除了大力推进基本公共服务均等化之外，在现阶段，还需要对超大城市设置一定的准入门槛。实行准入制度，可以在户籍改革上作出平衡考虑，按“积分制”等办法来实行，获得积分达到一定分数可申请入户。但这种门槛不能太高，如就业达到一年以上，有固定居住场所，缴纳社保超过一年，等等，就可申请。当然，这也是对当前经济社会发展不平衡，公共服务均等化未深入推进的一种妥协性过渡改革。更需要推进公共服务均等化、允许城乡生产要素自由流动，使农民能带着财产权利进城。最终实现成功改革户籍制度的目的。除了超大城市可设立一定的门槛，其他二、三线城市及中、小城市一律不得设置门槛，允许农民工自由迁徙。当然，户籍制度改革牵一发而动全身，绝非以上几项改革措施就可达成，还需要精心研究、反复推演、边试边改。

（2）改革农民工社会保障制度

让每一个农民工拥有社会保障，建立一种覆盖城乡、面向全体公民和全体劳动者的统一的、无差别的社会保障体系，是农民工社会保障改革的重要环节和重点领域，这牵涉农民工根本利益，也是一个具有战略性、全局性、长期性的问题。现阶段，应将农民工纳入城镇社会保障体系，实现城乡社会保障制度的衔接与整合，同时优先解决突出的基本保障问题。

一是完善社会保障立法。从当下社会保障立法现状看，还没有一部统一的社会保障法，现有的相关社会保障立法多是地方立法，各地方由于经济社会发展不平衡，对社会保障险种、适用主体、主体权利义务规定有较大差异，并且有的地方社会保障连基本的保险内容都没有。农民工社会保障首先应以法律为遵循，起草统一的社会保障法已十分必要，具体实施可分阶段完成。在现阶段可以采取城镇社会保障和农村社会保障分别立法的做法，但应明确农民工作为“城镇工人”而不是“农民”的身份，应当并有权参加城镇社会保障体系。农民工最终将转化为市民，其市民权应当受到平等对待，应当不受户籍限制地参与到社会保障体系中。待条件成熟时，形成以社会保障法为中心的，以社会保险法、社会救济法、社会福利法、社会优抚法、社会互助法、公积金法、社会保障监督法为基本内容的、体系完整的社会保障法法群。在地方层面，充分考虑各地实际情况，按照国家立法的规定，全面平等地建立起地方社会保障立法体系。

二是改进企业和政府参与农民工社会保障。政府应根据《劳动法》和《劳动合同法》赋予的权力，监督检查违反劳动法律、法规的行为。对情节严重的违法行为，从重量刑。用人单位应当承担起部分保障责任。政府作为公共产品的提供者和社会管理者，为农民工提供与市民平等的社会保障服务，义不容辞。决不能以下岗职工负担重、财政无法承受等借口予以拒绝，进而将农民工排斥在社会保障制度之外。企业是农民工参与社会保障的重要主体，有责任为农民工购买相关养老、医疗保险等，并改进工资发放方式，至少按月支付工资，严格按照劳动法等法律法规执行。

三是积极促进城乡社会保障制度的衔接。对进城务工的农民工逐步实行与城市企业职工统一的社会保险制度，最终建立全国统一使用的社会保障个人账户，推动社会保障体系城乡整合，努力推动社保账户的跨区域转移接续。

(3) 改革农民工子女教育制度

一是完善法律制度，保证农民工子女享有平等教育权。完善《义务教育法》的相关内容，从制度上保证农民工子女享有法定的权利，增加国家在进城农民工子女义务教育条件保障上的义务条款。教育资源配置要积极向农民工子女倾斜，改变过去那种以城市市民子女为中心的做法。积极推动制定《反教育歧视法》，保证农民工子女接受教育的权利公平、机会公平、规则公平。发达国家如瑞典、韩国实施了教育机会平等法，禁止经济地位、性别、种族等方面的歧视。我们有必要借鉴先进国家的经验，切实解决我国农民工子女教育权缺失的问题。

二是改革义务教育财政经费划拨制度。义务教育经费划拨不再以户籍人口的适龄入学人数为基数来划拨义务教育经费，而应以实际在校学生数为基数划拨义务教育经费。并积极提高中央财政在义务教育中的比重，这个比重应超过50%；中央政府要进一步加大农村义务教育的转移支付力度，发挥中央财政的平衡和调节作用，实现城乡义务教育的均衡发展。

三是积极推动农民工子女高考制度改革。农民工子女在城市接受义务教育和高中阶段教育后，应该享有在接受教育所在地城市参加高考的权利。这可以减少社会摩擦和社会损耗，提升农民工子女对城市的认同感和融入感。在制度设计上，一个较为公平和理想的情况就是，在接受教育所在地城市高中三年至少拥有两年及以上完整学籍的农民工子女均可同城市子女一道参加高考。这种高考制度不应该同农民工的收入、固定住所等进行捆绑。特别是北京、上海等教育资源丰富地区，更加不应该将丰富优质的教育资源以户籍作为分配的取向。只要在北京、上海获得完整高中三年学籍，就可以在北京、上海参加高考。

(4) 改革农村土地制度

改革农村土地制度对于农民工社会管理的重要意义，在于要通过改革，确立农民工对土地的产权，充分保障农民工的财产权利，让农民工能带着财产权利进城，进而为增加农民工的财产性收入，为缩小城乡收入差距，促进农民工顺利融入城市，打下坚实的基础。当然，改革农村土地制度的目的，不仅在于创新农民工社会管理，其目的更在于解决当前“三农”问题的关键症结所在，是一项涉及经济社会、关乎改革发展稳定各个方面的系统工程。因此，在这个意义上讲，农民工社会管理创新只是改革农村土地制度的目标之一。改革农村土地制度，应按照“同地同权、确权为先、市场导向、自由流动”的基本原则来实行。具体来讲，应从以下几个方面着力。

一是在法律层面上，全面修订宪法和土地管理法的相关条款，逐步实现集体土地与国有土地“同地同权”，允许农民依法通过多种方式参与土地开发经营，积极建成城乡统一建设用地市场，这是改革的大目标。具体来说，修订相关法律的原则应该是在坚持用途管制的前提下，从法律角度确认集体土地使用、转让、租赁、抵押等全面权利，做到集体土地与国有土地“同地同权”；在国家层面根据公益和非公益用途划分土地所有权结构，实现城市土地所有权的多元化。

二是优化土地资源配置，增加农民土地收益。现行土地制度实行的集体土地入市，实行的是政府征收、土地一级开发、入市，政府在其中获取巨额的土地收益，失地农民往往无法获得相关收益。这就需要改变当前制度，积极推动集体土地入市，让农民分享土地收益。国务院已经批准深圳集体土地转为工业用地，这就释放了一个重要改革信号。但最终的方向应该是实现“同地同权”。另一个方面，在维持征地制度的前提下，用多种方式加大农民分享城市收益的比重，降低城乡收入差距，缓解城乡紧张关系。一个重要的做法就是积极利用“城乡建设用地增减挂钩”政策，在充分尊重农民的意愿上，坚持对土地进行用途管制。农民进城后，可放弃宅基地，并将其复垦为耕地，实现与城市建设用地的城乡位置转换，从而获得土地丰厚的级差地租，使进城农民工获得丰厚的收益，顺利融入城市。

三是要深化农村土地制度改革，促进土地等资源实现自由流动。推动完善农村土地的确权工作，实现农村各类土地应确尽确。不仅要完善农村土地制度体系，更重要的是健全保障这一制度体系运转的支撑体系。要积极建立健全农村土地登记体系和农村产权交易平台，完善农村土地纠纷调处机制，充分保障农民的土地财产权、自主流转权和自由交易权，让农民手中的产权能够流转起来、发挥效率、长久不变。土地确权后，如不能实行流转，改革的意义就会大打折扣。如果能实行农民带着财产权利进城，就能为农民工顺利融入城市提供极好的物质支撑。

9.3.2　创新农民工社会管理服务体系

（1）将“融入城市”作为农民工社会管理创新的根本理念

一批批农民进入城镇，成为产业工人和常住人口，是推动工业化、城市化发展的前进动力，是农民分化、农村人口减少、城镇人口增加、从不发达的二元经济结构转变到现代经济的希望所在。只许农民进城打工，经济上进入，却不承认他们在城市的社会成员资格，把他们拒于城市社会之外，只会剥夺他们的社会权利，只会不断带来社会冲突。现在，消除城乡二元分割体制的影响，改变农民工的“边缘化”地位，承接农民工融入城市社会，是城市经济社会发展必须面对和解决的现实任务。要认识发展的大局和趋势，认识农民向市民转化对工业化、城市化发展与解决“三农”问题的深远意义，实行主动接纳农民工融入城市社会的方针和政策。

（2）建立全面覆盖农民工的公共服务体系

要按照权利平等、制度统一的方向，改变城市原有居民和进城农民工的两种身份、两种权利，政府管理、公共服务存在严重偏差的情况，必须解决进城农民工社会权益的突出问题：一是解决社会管理偏差影响对农民工经济权益保护的问题。改变那种不把农民工看作城市社会的一员，轻视对他们权益的保护，不实行依法监管、公正执法的做法；切实扭转那种拖欠工资、延长劳动时间、不付加班费、缺乏劳动安全等问题得不到解决的局面；切实纠正社会管理的偏差，使农民工的基本经济权益得到保护。二是纠正公共服务的偏差，解决农民工的一些基本社会需要。如低收入农民工的居住、公共卫生服务、农民工子女义务教育、基本的社会保险等，要将此纳入城市社会事业发展的规划，并设计合乎实际的制度安排。这种改革的目标，不是让进城农民工在所有的社会福利上都与城市原有居民一律拉平，而是要首先解决他们的突出问题，使基本的公共服务逐步能全面覆盖农民工。

（3）构建让农民工充分融入城市管理服务体系

按照属地管理原则，在进城农民工的管理上，充分发挥区县政府、居住地和社区的服务、教育和管理作用。构建开放型城市社区，使农民工获得社会成员资格，改变被排斥的二元分隔体制，发挥社区的社会整合功能，将农民工社会管理纳入城市社区建设之中。通过为农民工提供社会公共服务，把农民工合理地组织起来参与文化教育、卫生、安全等公共活动，在平等的基础上发展与城市居民的正常交往，培育互信互助、共存发展的社区精神。这将有助于改善城市人际关系，消除由于歧视、不认同而引发的摩擦和冲突，促进农民工完成在城市中的再社会化过程，培养起符合城市社会生活的现代意识、法制观念和行为方式。上海、浙江一些城市探索出农民工与社区居民双向参与、双向服务，引导农民工自我管理、自我服务的管理服务模式，取得了很好的效果。实践说明，只要社区干部对进城农民工认识到位，组织得当，他们是可以融入当地社区的。一旦他们融入社区，把自己作为社区的主人，就可以为社会的和谐稳定作出贡献，大大节省社会管理的成本，形成和谐共处的局面。中央应在适当时机，召开全国农民工管理服务工作会议，总结推广行之有效的工作经验，为推动新一轮社会管理改革指明方向。

让农民工充分融入，还需要尊重他们的基本政治权益，使农民工利益表达有制度性的渠道。绝大多数在城市居住一定年限的农民工，既不可能回乡参加选举，在城市又没有选举权和被选举权，这种状况必须改变。现在有的城镇允许居住一年以上的公民参加居住地人大代表选举的办法，这对政府广泛了解民情民意，制定反映多方面群众利益的政策，保障农民工合法权益，促进农民工与城镇社会融合，会产生良好的效果。一些国家规定，居住 3 个月以上满 20 岁的男女公民均有选举权，25 岁以上的有被选举权。参照国内外的经验，全国人大应制定有关法律，保障在城市居住一定年限的农民工享有在居住城市的选举权和被选举权，以利于在政策制定和监督过程中体现包括农民工在内的多方面群众的利益和要求。

（4）完善服务参与式的流动人口管理体系

20 世纪 90 年代中期以来城市建立的对流动人口的领导管理体制已不适应当前社会的变迁。虽然地方政府享受着农民进城务工带来的红利，但其同时也将农民工视为可能引发治安问题的不安定因素对待。各地多把流动人口管理领导小组的办公室设在公安机关，把管理重点放在治安上，歧视多、限制多、防范多，损害了农民工自主就业、融入城市的积极性。新形势下迫切需要及时调整管理体制，从而实现从防范式管理向服务式管理的重大转变。

现在的政策方向是，城市政府部门应努力逐步把流入人口与原有居民进行同样的管理服务，进一步推动公共政策向“公平对待”的方向转变。无疑，这会涉及政策调整、制度建设、法律完善等多方面的内容，需要多部门的密切配合，需要统筹综合协调推进。基于这样的考量，在国家层面，应加大顶层设计力度，设立相应的领导小组和工作协调机制；在地方政府层面，应彻底废除现存的外来人口管理领导小组，建立由政府综合部门牵头、相关部门参加的农民工社会管理领导小组，对进城农民工社会管理事项进行综合协调；同时在城市政府的行政服务中心，设立专门窗口，对涉及农民工的公共事务和权益维护实行一站式服务。

(5) 健全农民工教育培训体系

一是多层次构建农民工教育培训体系。政府应义不容辞地承担起保障宪法赋予的公民受教育权，应通过制定财政、税收、金融、教育等各方面政策，培育和促进农民工培训市场的发展。政府应该培育和推动社会组织的发展，使社会组织成为农民工教育培训的主要力量。并积极实施对农民工的引导性培训，如基本权益保护、法律知识、城市生活常识、寻找就业岗位、做好新市民等方面的培训。并采取财政奖励、税费抵扣等方式鼓励企业对农民工开展教育培训。此外，要加强对农民工培训市场的组织管理，政府应统一出台农民工教育培训规划，制定有关法规和制度，规范农民工培训市场的发展。最终，统筹政府、社会、企业力量，整合各类职业学校、各类教育培训机构和行业、用人单位的教育培训资源，多层次、多渠道地开辟专门针对农民工教育的培训。

二是多方面充实农民工教育培训内容。农民工教育培训体系主要包括了社会化培训、职业技能培训、自主创业培训等三个方面的内容。在于社会化培训方面，应集中开展基本权益保护、法律知识、生活习惯、就业指导、心理认同等方面的培训。在职业技能培训方面，根据国家职业标准和不同行业、不同工种、不同岗位对从业人员基本技能和操作规程的要求，按照用人单位的用工标准，政府、企业、各类教育培训机构共同努力，实现人岗相匹、提高素能的目的。开展自主创业培训，对有意向自主创业的农民工，利用产业园区、孵化平台等进行培训，并积极为他们提供小额贷款作为创业基金。

三是多渠道筹集农民工教育培训经费。首要是要加大政府投资，各级财政要把农民工培训经费纳入财政经常性预算科目。并积极鼓励民间资本投资，鼓励和支持社会力量尤其是具有特色的民办机构开展农民工培训。激励企业增加培训投入，强化企业人力资源开发理念，增强企业的农民工培训责任意识，鼓励农民工加大自我教育培训的投入。

总之，推动农民工社会管理服务改革创新是一项庞大的社会系统工程，需要纳入国家发展长远规划，统一安排、精心筹划、渐进实施、不断深入。期待农民工社会管理迎来改革突破，农民工权益得到充分保障，农民工能顺利融入城市成为新市民。

9.4 小结

本章主要论述农民工社会管理创新的基本原则和思路，以及政策设计的路径与总体框架，这是基于宏观的视角为农民工社会管理创新的政策体系提出的基本要求和框架。在这些要求和框架下，实行农民工社会管理服务政策体系改革创新，要改革户籍制度、农民工社会保障制度、农民工子女教育制度、农村土地制度，要把“融入城市”作为农民工社会管理创新的根本理念，建立全面覆盖农民工的公共服务体系，构建让农民工充分融入城市的管理服务体系，完善服务参与式的流动人口管理体系，健全农民工教育培训体系等。

附　录

城 市 名 称 ：

个人问卷编号：

调 查 员 姓 名 ：

访 问 时 间 ：________年________月________日________时

A　基本情况[①]

A1. 您的性别________

1. 男　2. 女

A2. 您出生于________年________月。

A3. 您离开户口所在地在外工作时间为________年，其中来本市工作______年。

A4. 户口所在地：________省________市________县

A5. 是否为农村户口

1. 是　2. 否

A6. 受教育程度________

1. 未受教育　2. 小学　3. 初中　4. 高中　5. 中技、中专　6. 大专及以上

A7. 进城就业前的身份________

1. 学生　2. 务农　3. 家庭非农经营　4. 在当地乡/镇/村办企业务工　5. 在外打零工　6. 复转军人　7. 村/乡干部　8. 其他

A8. 您外出务工的动机是（可多选）________

---

① 此次调查问卷主要参考和借鉴郑功成、黄黎若莲：《中国农民工问题与社会保护》，人民出版社，2007 年版。

1. 农村没有什么发展机会，外出有利于个人发展
2. 挣钱养家，帮助弟妹/子女上学
3. 向往城市的生活方式/见世面
4. 看到村里人/亲人外出，也就出来了
5. 躲避在农村的麻烦和责任
6. 其他

A9. 进城务工的渠道________

1. 由亲朋好友介绍进单位
2. 参加本乡本村的包工队
3. 无人帮助，自己找
4. 参加当地政府、学校组织的劳务输出
5. 用人单位直接到乡里招工
6. 由中介机构介绍
7. 其他

A10. 外出务工的时间累计________年________月

A11. 至今变动工作的次数________

1. 0 次　2. 1 次　3. 2 次　4. 3 次及以上

A12. 现在每年从事农业劳动的时间________

1. 不再从事　　2. 偶尔从事（如农忙时间）
3. 三个月至半年时间　　4. 半年以上

A13. 进城后家里责任田的处置________

1. 失去土地，无地可处置　　2. 由家人耕种
3. 出包或者雇人耕种　　4. 退交集体　　5. 土地撂荒

B　就业

B1. 目前所在企业的性质属于________

1. 国有　2. 集体　3. 股份制　4. 私营　5. 个体　6. 外资

B2. 上岗前是否经过培训________

1. 否　　2. 是

B2－1. 若回答“是”，培训的时间为________

1. 三个月或以下　2. 三个月至半年　3. 半年以上

B3. 是否与用人单位订立了劳动合同________

1. 否　　2. 是

B3 - 1 若回答“是”，劳动合同的形式是________

1. 口头　　2. 书面

B3 - 2 订立劳动合同的期限________

1. 以完成一定工作为期限　2. 一年　3. 两年　4. 三年或以上

B3 - 3 手中是否有已订立合同的文本________

1. 有　　2. 没有

B4. 您认为与用人单位订立劳动合同是否有必要________

1. 有必要　2. 没有必要　3. 不知道

B5. 您最近一个月每天的工作时间________

1. 8 小时以内　2. 9 ~ 10 小时　3. 10 ~ 12 小时　4. 12 小时或以上　5. 不确定

B6. 您最近一个月的休息时间为________天

B7. 延长工时或安排节日工作，能否依法得到更高的报酬________

1. 能　　2. 不能

B8. 现在的工作任务是否需要经常加班加点________

1. 要　　2. 不要　　3. 不知道

B9. 最近一年来，是否有过被拖欠工资的经历________

1. 有　　2. 没有

B9 - 1 若回答“有”，最近一次单位拖欠您的工资金额为________

1. 500 元以下　2. 501 ~ 1000 元　3. 1001 ~ 2000 元　4. 2001 元以上

B10. 您所在单位的管理对本地员工和外地员工能否做到一视同仁________

1. 能　2. 不能　3. 不知道

B11. 您所在的单位有无任意打骂农民工的行为________

1. 有　2. 无　3. 不知道

B12. 您所在单位是否建立有劳动争议调解委员会________

1. 有　2. 没有　3. 不知道

B13. 您单位是否已建立工会________

1. 已建　2. 未建　3. 不知道

B14. 您是否参加了工会________

1. 已参加　2. 未参加

B15. 您是否参加过工会组织的活动________

1. 参加过　2. 没有参加过

B16. 您有没有得到工会的帮助________

1. 有　2. 没有

B17. 您是否想加入工会组织________

1. 想　2. 不想　3. 没有考虑过

B18. 当遇到更合适的工作时，您会________

1. 等合同到期后再走
2. 不辞而别
3. 提前通知用人单位准备走人
4. 继续留下来
5. 看情况而定

C　劳动保护与社会保障

C1. 请回答下列问题，在“是”或“否”上打“√”

1. 您是否从事过危险、有毒、有害的工种或岗位	是	否
2. 单位是否定期进行健康检查	是	否
3. 您是否接受过劳动安全卫生教育	是	否
4. 单位是否提供必要的劳动保护用品	是	否
5. 单位女性农民工在孕期、产期、哺育期是否依法享有特殊保护	是	否

C2. 您目前最担心的问题是

1. 受伤
2. 失业后找不到工作
3. 生活困难
4. 养老
5. 无钱供孩子上学
6. 生病
7. 其他

C3. 在您生活困难时，得到哪些人的帮助（可多选）________

1. 亲人　2. 亲朋好友、老乡　3. 同事　4. 打工的单位　5. 城市居民　6. 当地居委会、地方政府　7. 其他

C4. 您是否担心过您和您的家人将来养老的问题________

1. 担心　　2. 不担心　3. 没考虑过

C5. 您采取了什么措施以备将来养老（可多选）________

1. 未采取任何措施

2. 在老家参加了农村社会养老保险

3. 在打工的单位参加了养老保险

4. 购买了商业保险

5. 定期存钱养老

6. 养儿防老

7. 其他

C6. 如果单位给您缴纳一部分，您本人缴纳一部分，汇集到个人账户，在您年老时，把个人账户里的钱支付给您养老，您是否愿意参加养老保险________

1. 愿意　　2. 不愿意　　3. 没考虑过

C7. 您生病后通常会怎么做________

1. 立即上正规医院检查、治疗

2. 去街头的小医院、私人诊所、游医进行检查、治疗

3. 自己去药店买药

4. 能忍则忍、能拖则拖、不到万不得已不去医院

5. 其他

C8. 您生病时的医疗费用由谁负担________

1. 全部由个人或家庭负担

2. 全部由单位负担

3. 单位、个人负担

C8－1 如回答3，那负担的形式和比例是________

1. 单位定额补助，其余个人负担

2. 小病定额补助，大病按比例报销

3. 小病不报，大病补偿

4. 单位或雇主各负担50%

C9. 您觉得目前的医疗费用________

1. 太贵

2. 比较贵

3. 还可以，能承受

4. 比较便宜

5. 很便宜

C10. 您采取了什么措施以防止生病后付不起医药费________

1. 未采取任何措施

2. 在老家参加了新型合作医疗

3. 在打工的单位参加了医疗保险

4. 购买了商业保险

5. 其他

C11. 如果单位缴纳一部分费用，您自己缴纳一部分费用，您愿意参加下列哪种形式的医疗保险________

1. 只保小病，不保大病

2. 只保大病，不保小病

3. 既保小病，又保大病，但是保障程度要低于前两种

4. 都不愿意参加

C12. 您是否参加了失业保险________

1. 是　　2. 否　　3. 不知道

C13. 您是否有过失业________

1. 没有　2. 有

C13－1. 如果回答有的话，您最近一次失业的时间有多长________

1. 1个月以内

2. 1～3个月

3. 4～6个月

4. 半年以上

C13－2. 失业后您如何维持生活________

1. 靠以前的积蓄生活

2. 靠亲朋好友接济

3. 靠老乡和以前的同事救助

4. 靠单位发给的失业补偿生活

5. 靠失业保险生活

C14. 您在打工的过程中，是否受过工伤或者患过职业病________

1. 没有　2. 受过

C14 - 1. 受伤或患职业病后，如何处理________

1. 自己进行治疗

2. 用人单位、老板负责治疗

3. 自己负担一部分，单位、老板负担一部分

4. 没有治疗

C15. 您是否参加了工伤保险________

1. 是　2. 否

C16. 您认为在工作中受伤或患职业病后单位（老板）是否应该进行治疗和补偿________

1. 应该　2. 不应该　3. 视情况而定

C17. 您是否知道有关伤亡补偿标准的规定________

1. 知道　2. 不知道

C18. 您单位是否建立有工伤和职业病补偿制度________

1. 没有　2. 不清楚　3. 是

C18 - 1. 如果回答“是”，伤亡补偿标准是________

1. 标准不确定　　2. 1000 元以下

3. 1001 ~ 2000 元　　4. 2001 ~ 5000 元

5. 5001 ~ 10000 元　　6. 10001 ~ 20000 元

7. 20001 元以上　　8. 不清楚标准

C19. 您认为目前最迫切需要参加的保险是________

1. 工伤保险

2. 医疗保险

3. 失业保险

4. 养老保险

5. 生育保险

6. 商业保险

7. 没有

C20. 您是否愿意参加以下几种社会保险（可多选）________

1. 工伤保险

2. 医疗保险

3. 失业保险

4. 养老保险

5. 生育保险

6. 商业保险

7. 都不愿意

D 收入与生活

D1. 您外出前的年平均收入________元

D2. 现在每月收入________

1. 500 元以下

2. 501～800 元

3. 801～1200 元

4. 1201～1500 元

5. 1501 元以上

D3. 您在城市生活的主要支出________

1. 住房：________元/月

2. 食物：________元/月

3. 子女教育：________元/月

4. 医疗：________元/月

5. 抽烟喝酒：________元/月

6. 娱乐应酬：________元/月

D4. 平均每月寄给家里多少钱________

1. 没寄

2. 200 元以下

3. 201～500 元

4. 501～750 元

5. 751～1000 元

6. 1001 元以上

D5. 您现在与谁同住________

1. 自己单独住

2. 与家人同住

3. 与亲戚同住

4. 与一起打工老乡同住

5. 其他

D6. 您的住房属于哪一种情况________

1. 由单位提供的宿舍

2. 租用私房

3. 住工棚

4. 自己搭盖的简易棚屋

5. 住亲戚朋友家

6. 住老板家

D7. 您对自己的住房条件是否满意________

1. 很满意

2. 满意

3. 一般

4. 不满意

5. 很不满意

D8. 如果您有小孩，他（们）在何处生活/上学________

1. 老家

2. 跟随自己在城里生活

3. 在其他地方生活

D9. 如果您有孩子且处于上学年龄前或学龄期，他们在何处上学（幼儿园）________

1. 老家

2. 自己打工的城市

D9－1. 如果回答“2”，他们在什么学校就读________

1. 公立学校（幼儿园），学费________元/期

2. 民工子弟学校（幼儿园），学费________元/期

D9 - 2. 您认为小孩的学（托）费________

1. 太贵　2. 有点贵　3. 一般，可以接受　4. 不贵　5. 说不清楚

D10. 您工余时间是否参加各类培训班学习________

1. 否　　2. 是

D10 - 1. 如果回答“是”，培训的主要内容是________

1. 大专文凭　2. 技术培训班/中专　3. 其他

D10 - 2. 您参加业余培训的动机是________

1. 为自己以后发展作准备　2. 工作需要　3. 增加收入　4. 个人兴趣

E　与当地市民、政府的关系

E1. 您与企业里当地员工的关系________

1. 经常交往、相处融洽

2. 有一定交往，但有距离感

3. 偶尔交往，比较陌生

4. 互不交往

E2 是否愿意在日常生活中与当地市民打交道________

1. 愿意　2. 不愿意　3. 很难说

E3. 在日常生活中是否得到过当地市民的帮助________

1. 是　　2. 否

E4. 在日常生活中是否帮助过当地市民________

1. 是　　2. 否

E5. 您进城务工需要办理何种证件（可多选），费用如何________

1. 暂住证　　　　　无________，有________费用________元

2. 城镇劳务许可证　无________，有________费用________元

3. 外出务工许可证　无________，有________费用________元

4. 计划生育证　　　无________，有________费用________元

5. 其他管理服务费　无________，有________费用________元

E6. 您是否有重复办证的经历________

1. 有　2. 没有

E7. 您是否有过被截查证件的经历________

1. 有　2. 没有

E8. 您是否有过被罚款的经历________

1. 没有　2. 有→一共________次，金额为________元

E9. 您是否有过被收容遣送的经历________

1. 没有　2. 有→ 总共________次，收容过________天，交保证金________元

E10. 您的亲戚/朋友/老乡是否有过被收容遣送的经历

1. 有　　2. 没有　　3. 不清楚

E11. 您对当地派出所民警或治保会的印象________

1. 很好　　2. 一般　　3. 不好　　4. 很不好　　5. 说不清

E12. 您外出打工是否受到当地人的排挤________

1. 是　　2. 否　　3. 说不清

E13. 您是否同意下列说法（请在答案上面打"√"）

1. 城市社会治安变差的主要原因是农民工造成的

很不同意　不同意　同意　非常同意　不知道

2. 农民工抢了城里人的饭碗

很不同意　不同意　同意　非常同意　不知道

3. 农民工与城市居民比较素质较差

很不同意　不同意　同意　非常同意　不知道

F　社会资本与组织支持

F1. 进城务工后最大的困难是________

1. 劳动条件恶劣
2. 工作太辛苦
3. 居住条件差
4. 缺乏人身安全感
5. 小孩入学、入托难
6. 找不到工作
7. 生活费用太高
8. 遭本地人歧视与排挤
9. 感情孤独
10. 工资被拖欠或被克扣

F2. 平时遇到生活困难时，您首先将向谁寻求帮助________

1. 家人
2. 亲戚
3. 朋友/老乡
4. 同事
5. 老板、单位
6. 城里房东或熟人
7. 当地政府官员（居委会干部/派出所民警/工会/妇联等）
8. 家乡政府干部
9. 不求助

F3. 当合法权益受到侵害时您首先选择________

1. 找亲戚朋友/老乡帮忙
2. 向有关机构申请调解仲裁
3. 寻求法律援助
4. 找工会组织帮助
5. 默默忍受、不求助
6. 其他

F4. 假如当地有民工组织，您是否愿意参加________

1. 愿意　　2. 不愿意　3. 不知道/未决定

F5. 您是否参加过同乡会________

1. 是　2. 否

F6. 假如当地有同乡会，您是否愿意参加________

1. 愿意　　2. 不愿意　3. 不知道/未决定

F7. 您是否知道如下法律（可所选）________

1. 《中华人民共和国宪法》
2. 《中华人民共和国劳动法》
3. 《中华人民共和国工会法》
4. 《中华人民共和国妇女权益保障法》
5. 《中华人民共和国企业法》
6. 《中华人民共和国刑法》
7. 《中华人民共和国安全生产法》

8.《中华人民共和国职业病防治法》

9.《中华人民共和国治安管理处罚法》

10. 都不知道

F8. 您认为农民工最需要政府/单位帮助解决的问题是________

1. 取消不合理消费

2. 监督劳动合同订立及履行

3. 建立社会保障制度，让农民工参加社会保险

4. 当遇到特殊困难时，政府进行救济

5. 责成企业按时如数发放工资

6. 其他

G 自我评价与未来打算

G1. 您觉得自己的收入水平在当地城市中属于________

1. 下层 2. 中下层 3. 中层 4. 中上层 5. 上层

G2. 依您现在的收入，您觉得自己的经济地位在家乡属于________

1. 下层 2. 中下层 3. 中层 4. 中上层 5. 上层

G3. 总体而言，对目前的就业岗位/收入水平的满意度是________

1. 很满意 2. 满意 3. 一般 4. 不满意 5. 很不满意

G4. 总体而言，您对自己的社会地位是否满意________

1. 很满意 2. 满意 3. 一般 4. 不满意 5. 很不满意

G5. 您是否介意别人称呼您为农民工________

1. 介意 2. 不介意

G6. 您打算在城里干多长时间________

1. 1 ~ 2 年 2. 3 ~ 5 年 3. 6 ~ 8 年

4. 如果可能，就一直做下去 5. 干一天算一天

6. 不清楚/没想过

G7. 您对未来的打算是________

1. 想长期留在城市安家立业

2. 到其他城市去

3. 做几年回去继续务农

4. 学门手艺或技术，回去找个好工作

5. 回去办企业，当老板

6. 上学读书

7. 没想过或不知道将来怎么办

8. 其他

G8. 您觉得进城务工最大的收获是________

1. 挣钱养活了自己和帮助家人

2. 提高了家庭和社会地位

3. 长了见识，更新了观念

4. 学到了技术和经营知识

5. 在城市有了立足之地

6. 其他

G9. 如果可能，您是否愿意户口迁入现居城市________

1. 愿意　2. 不愿意　3. 说不清

G10. 如果户口迁入城市要求您放弃承包土地，您会选择________

1. 即使失去土地承包权也要迁入城市

2. 放弃迁入城市的打算

3. 不确定

4. 其他

参考文献

“外来农民工”课题组：《珠江三角洲外来农民工状况》，《中国社会科学》，1995 年第 4 期。

白南生、何宇鹏：《回乡还是外出？——安徽四川二省农村外出劳动力回流研究》，《社会学研究》，2002 年第 3 期。

白晓梅：《城市化视野的农民工社区融入类型剖析》，《重庆社会科学》，2010 年 7 月。

北京大学“东莞民工课题组”：《东莞民工状况调查》，《社会学》，1995 年第 3 期。

曹子玮：《农民工的再建构社会网与网内资源流向》，《社会学研究》，2003 年第 3 期。

陈成文、孙中民：《二元还是一元：中国户籍制度改革的模式选择——国际经验及其启示》，《湖南师范大学社会科学学报》，2005 年第 2 期。

陈映芳：《“农民工”：制度安排与身份认同》，《社会学研究》，2005 年第 3 期。

陈志成：《从“单位人”转向“社会人”——论我国城市社区发展的必然性趋势》，《理论参考》，2002 年第 11 期。

邓宝国：《农民工民间组织的基本功能研究》，《农业经济》，2009 年第 2 期。

丁元竹：《建立和完善基层社会管理体制的几点思考》，《国家行政学院学报》，2010 年第 5 期。

杜万忠：《农民工的城市社区融入问题探讨》，《石家庄法商职业学院教学与研究（综合版）》，2008 年第 1 期。

段成荣：《我国农村留守儿童最新状况与分析》，《重庆工商大学学报（社会科学版）》，2009 年第 2 期。

樊少波、王松：《新制度视角下农民工工会有效运行的困境研究》，《长春工业大学学报（社科版）》，2007 年第 4 期。

甘满堂：《城市农民工与转型期中国社会的三元结构》，《福州大学学报（哲学社会科学版）》，2001 年第 4 期。

高奇琦：《新中国政党与公民社会关系变迁研究——政党类型学和功能主义路径的分析》，《上海行政学院学报》，2010 年第 6 期。

郭正林、周大鸣：《外出务工与农民现代性的获得》，《中山大学学报（社会科学版）》，1996 年第 5 期。

韩冬雪：《社会管理谨防落入西方陷阱》，《人民论坛》，2011 年第 7 期。

韩世强：《农民工子女：类型分化及其社会融入的制度逻辑》，《中国青年研究》，2009 年第 10 期。

何雯：《浅谈我国社会转型期农民工 NGO 组织的建设构想》，《攀枝花学报》，2008 年第 2 期。

何增科：《深化十大社会管理体制改革的具体构想》，《北京行政学院学报》，2010 年第 1 期。

何增科：《我国社会管理体制的现状分析》，《甘肃行政学院学报》，2009 年第 4 期。

贺汉魂、皮修平：《农民工概念的辩证思考》，《求实》，2006 年第 5 期。

胡锦涛：《扎扎实实提高社会管理科学化水平》，《人民日报》，2011 年 2 月 20 日。

黄卫平、陈文：《尊重民权与改善民生：价值的依归》，《人民论坛》，2011 年第 11 期。

贾珺：《我国农民工社会养老保险的立法思考》，《农村经济》，2007 年第 10 期。

简新华、黄锟：《中国农民工最新情况调查报告》，《中国人口资源与环境》，2007 年第 6 期。

江立华、符平：《断裂与弥补——农民工权益保障中的法与政府角色》，《社会科学研究》，2005 年第 6 期。

江立华：《论城市农民工的平等竞争权问题》，《华中师范大学学报（人文社会科学版）》，2002 年第 4 期。

姜涛、孙玉娟：《非政府组织（NGO）对农民工维权的影响与制约》，

《南京农业大学学报（社会科学版）》，2008年第1期。

教育部发展规划司：《农民工随迁子女和留守儿童义务教育状况专题分析报告》，2009年8月。

黎慈：《公众参与：政府创新社会管理的有效保障》，《湖北行政学院学报》，2011年第6期。

李宝库：《夯实城市基层基础积极发展社区建设》，《城市街居通讯》，1999年第6期。

李昌麒：《弱势群体法律保护问题研究——基于经济法和社会法的考察视角》，《中国法学》，2004年第2期。

李国青、由畅：《新中国城市社会管理体制的历史沿革》，《东北大学学报：社会科学版》，2008年第1期。

李强、唐壮：《城市农民工与城市中的非正规就业》，《社会学研究》，2002年第6期。

李强：《城市农民工的失业与社会保障问题》，《新视野》，2001年第5期。

李强：《当前我国城市化和流动人口的几个理论问题》，《江苏行政学院学报》，2002年第5期。

李强：《影响中国城乡流动人口的推力与拉力的因素分析》，《中国社会科学》，2003年第1期。

李新伟、石玲：《城市农民工的基本权益保障研究》，《人口学刊》，2006年第2期。

李迎生：《农民进城与扩大城市社会保障覆盖面》，《社会保障制度》，2001年第5期。

李永捷：《促进城乡统筹就业的“成都模式”》，《四川劳动保障》，2007年第3期。

林义：《完善农民工社会保障制度构建的政策建议》，《四川省情》，2007年第6期。

刘东灵：《中国农民工权益缺失与法律保障研究》，西南政法大学，2007年优秀硕士学位论文。

刘潇潇：《农民工子女平等受教育权之法理分析》，《法学杂志》，2006年第4期。

刘小敏、左晓斯：《完善社会管理体系的意义》，《光明日报》，2011 年 5 月 9 日。

柳拯：《上海浦东新区社会工作制度建设的特点与启示》，《中国社会工作》，2009 年第 9 期。

鲁品越、骆祖望：《资本与现代性的生成》，《中国社会科学》，2005 年第 3 期。

麻宝斌、李辉：《政府社会管理精细化初探》，《北京行政学院学报》，2009 年第 1 期。

马国芳、何润宝：《国外政府社会管理和公共服务发展新趋势及其启示》，《云南财经大学学报》，2010 年第 25 期。

马凯：《努力加强和创新社会管理》，《国家行政学院学报》，2010 年第 5 期。

马绍兴、王成富：《四川农民工就业及权益保护现状分析》，《四川省情》，2007 年第 6 期。

毛中根：《政府责任演变与构建和谐社会》，《中共南京市委党校学报》，2009 年第 3 期。

彭远春：《社会安全阀机制与贫富差距调适》，《人口与经济》，2005 年第 4 期。

彭宅文：《中国农民工社会保障发展缓慢的原因分析》，《云南社会科学》，2006 年第 1 期。

彭中礼：《作为权利荒的民工荒——来自在珠三角地区的实证研究》，《湖南公安高等专科学校学报》，2006 年第 1 期。

钱正武：《农民工的阶级属性及其向工人阶级的转化》，《科学社会主义》，2006 年第 1 期。

佘志云、兰小玲：《加强和改善农民工的社会管理》，《前沿》，2007 年第 6 期。

时立荣：《透过社区看农民工的城市融入问题》，《新视野》，2005 年第 4 期。

司增绰、徐康宁：《“民工荒”问题研究综述》，《生态经济》，2006 年第 8 期。

四川调查总队课题组：《四川农民工社会保障状况调查》，《四川省情》，

2006 年第 1 期。

宋林飞：《“民工潮”的形成、趋势与对策》，《中国社会科学》，1995 年第 4 期。

孙枚贞：《试析新时期中国工会维权职能的凸现及强化》，《工会论坛》，2004 年第 2 期。

唐沁一：《农民工市民化进程中的政府行为研究》，华中师范大学，2007 年优秀硕士学位论文。

唐晓容：《社会组织：农民工福利供给的新主体》，《山西农业大学学报（社会科学版）》，2011 年第 7 期。

天津市滨海新区、向阳街道社区服务志愿者协会：《依托试点项目 创新社会管理 构筑幸福向阳——天津市滨海新区向阳街道青年农民工融入社区工作尝试》，《中国民政》，2012 年第 2 期。

田凯：《关于农民工城市适应性的调查与思考》，《人口学刊》，1996 年第 4 期。

王贵军、李明昱：《经济转型时期和谐劳动关系构建的问题与对策》，《中国劳动关系学院学报》，2006 年第 6 期。

王毅杰、王微：《国内流动农民研究的理论视角》，《当代中国研究》，2004 年第 1 期。

王婴：《多角色互动构建均衡“社会气场”——基于中国社会管理的专业发展视角》，《人民论坛》，2011 年第 5 期。

王中强、于孝安：《农民工社会管理的转变和制度创新》，《理论学习》，2007 年第 2 期。

文军：《论我国城市劳动力新移民的系统构成及其行为选择》，《社会学研究》，2005 年第 1 期。

夏禹龙、周罗庚：《加强社会管理与培育公民社会——兼与周本顺先生商榷》，《探索与争鸣》，2011 年第 2 期。

鲜开林、腾云、李亮：《农民工合法权益问题研究》，《东北财经大学学报》，2007 年第 1 期。

熊易寒：《城市化的孩子：农民工子女的城乡认知与身份意识》，《中国农村观察》，2009 年第 2 期。

徐旭初、吕冬洁：《农民工维权组织及组织化问题研究》，《杭州电子科技大学学报（社会科学版）》，2007 年第 4 期。

徐越宾、张秀兰：《中国政府在社会福利中的角色重建》，《中国社会科学》，2005 年第 5 期。

许婷：《法团主义：政府与社会组织的关系模式选择》，《中共浙江省委党校学报》，2006 年第 4 期。

许晓军：《中国工会在构建和谐社会中承担的社会责任》，《中共天津市委党校学报》，2007 年第 1 期。

许晓莉：《论城市治理中的弱势群体参与》，《湖北行政学院学报》，2007 年第 3 期。

杨东霞：《工会应把农民工作为维权重点》，《中国劳动关系学院学报》，2008 年第 1 期。

杨菊华、段成荣：《农村地区流动儿童、留守儿童和其他儿童教育机会比较研究》，《人口研究》，2008 年第 1 期。

杨立雄：《建立农民工社会保障制度的可行性研究》，《社会》，2003 年第 9 期。

杨敏：《“国家—社会”的中国理念与“中国经验”的成长——社会资源的优化配置与创新公共服务和更好社会治理》，《河北学刊》，2011 年第 2 期。

杨瑞龙、杨其静：《阶梯式的渐进制度变迁模型——再论地方政府在我国制度变迁中的作用》，《经济研究》，2000 年第 3 期。

杨秀琴、江华：《论农民工权益缺失与保障》，《生产力研究》，2007 年第 13 期。

杨雪冬：《社会管理改革的核心不是强化管理而是改善治理》，《文汇报》，2011 年 4 月 27 日。

杨宜勇：《全面加强和创新有中国特色的社会管理》，《前线》，2011 年第 4 期。

杨正喜：《珠三角以农民共为劳动者的劳资冲突问题研究》，2007 年华中师范大学博士学位论文。

姚上海：《中国农民工政策的回顾与思考》，《中南民族大学学报（人文社会科学版）》，2009 年第 5 期。

姚先国：《民营经济发展与劳资关系调整》，《浙江社会科学》，2005 年第2期。

叶庆丰:《创新社会管理方式的基本思路》,《中共中央党校学报》,2011年第3期。

俞可平:《社会良序更多依靠社会自治与自律》,《党政干部参考》,2011年第6期。

袁巧玲:《农民工子女社会融入问题的调查与思考》,《辽东学院学报(社会科学版)》,2010年第5期。

翟学伟:《社会流动与关系信任——也论关系强度与农民工的求职策略》,《社会学研究》,2003第1期。

占少华:《农民工的管理与服务机制探析——以"中国农民工反贫困项目"为例》,《青年研究》,2005年第5期。

张波:《农民工合法权益保护的十大问题与出路》,《南京社会科学》,2006年第5期。

张克云、叶敬忠:《留守儿童社会支持网络的特征分析》,《中国青年研究》,2010年第2期。

张利军:《农民工的社区融入和社区支持研究》,《云南社会科学》,2006年第6期。

张天昱:《城市发展与管理视野下的农民工问题》,《人民日报》,2011年4月7日。

张翼:《中国城市社会阶层传统意识研究》,《中国社会科学》,2005年第4期。

张志勤:《论社会组织在社会管理创新中的协同作用》,《中共青岛市委党校青岛行政学院学报》,2011年第6期。

郑功成:《农民工的权益与社会保障》,《中国党政干部论坛》,2002年第8期。

郑杭生:《社会建设和社会管理研究与中国社会学使命》,《社会学研究》,2011年第4期。

中国农民工问题研究总报告起草组:《中国农民工问题研究总报告》,《改革》,2006年第5期。

钟一彪:《农民工子女生存状况及发展问题》,《当代青年研究》,2010年第3期。

周本顺：《走中国特色社会管理创新之路》，《求是》，2011 年第 10 期。

周大鸣：《珠江三角洲外来劳动人口研究》，《社会学研究》，1992 年第 5 期。

周兢：《农民工的权益缺失及其保障问题探析》，《社会主义研究》，2005 年第 1 期。

周澍、郑晓东：《国外社会管理的有益经验》，《浙江社会科学》，2011 年第 8 期。

周永康：《加强和创新社会管理　建立健全中国特色社会主义社会管理体系》，《求是》，2011 年第 9 期。

朱考金：《城市农民工心理研究——对南京市 610 名农民工的调查与分析》，《青年研究》，2003 年第 6 期。

朱力：《论农民工阶层的城市适应》，《江海学刊》，2002 年第 6 期。

［法］孟德拉斯：《农民的终结》，社会科学文献出版社，2005 年版。

［法］孟德斯鸠：《论法的精神》上卷，张雁深译，商务印书馆，1963 年版。

［美］阿兰·沃森：《法律移植论》，贺卫方译，《比较法研究》，1989 年第 1 辑。

［美］哈罗德·伯曼：《美国法律讲话》，陈若桓译，三联出版社，1988 年版。

［美］罗伯特·C. 埃里克森：《无需法律的秩序——邻人如何解决纠纷》，苏力译，中国政法大学出版社，2003 年版。

［美］罗尔斯：《正义论》，中国社会科学出版社，1988 年版。

［美］罗斯科·庞德：《普通法的精神》，唐前宏译，法律出版社，2001 年版。

［美］帕克等：《城市社会学》，华夏出版社，1987 年版。

［美］威尔逊：《利益集团》，王铁生译，台湾五南图书出版公司，1993 年版。

［美］詹姆斯·C. 斯科特著：《弱者的武器》，郑广怀、张敏、何江穗译，译林出版社，2007 年版。

［英］伦纳德·霍布豪斯：《社会正义要素》，孔兆政译，吉林人民出版社，2006 年版。

白南生、宋洪远:《回乡，还是进城——中国农村外出劳动力回流研究》，中国财政经济出版社，2002 年版。

蔡定剑:《宪法精解》，法律出版社，2006 年版。

陈民等:《农民工维权论》，中国工人出版社，2003 年版。

程民选:《信誉与产权制度》，西南财经大学出版社，2006 年版。

邓鸿勋、陆百甫:《走出二元结构：农民工、城镇化与新农村建设》，中国发展出版社，2006 年版。

关怀主编:《劳动法学》，群众出版社，1983 年版。

国务院研究室课题组:《中国农民工调研报告》，中国言实出版社，2006 年版。

韩福国、骆小俊、林荣日、葛海有等著:《新型产业工人与中国工会》，上海人民出版社，2008 年版。

何增科:《中国社会管理体制改革路线图》，国家行政学院出版社，2009 年版。

蒋月:《中国农民工劳动权利保护研究》，法律出版社，2006 年版。

蒋月等:《中国农民工劳动权利保护研究》，法律出版社，2006 年版。

孔祥利:《焦点问题中的政府经济行为》，中国社会科学出版社，2003 年版。

李梦白等:《流动人口对大城市发展的影响及对策》，经济日报出版社，1991 年版。

李培林:《农民工——中国进城农民工的经济社会分析》，社会科学文献出版社，2003 年版。

李强:《农民工与中国社会分层》，社会科学文献出版社，2004 年版。

林来梵:《从宪法规范到规范宪法》，法律出版社，2007 年版。

刘怀廉:《中国农民工问题》，人民出版社，2005 年版。

卢海元:《走进城市：农民工的社会保障》，经济管理出版社，2004 年版。

陆学艺:《“三农论”——当代中国农业、农村、农民研究》，社会科学文献出版社，2002 年版。

陆益龙:《户籍制度——控制与社会差别》，商务印书馆，2003 年版。

吕学静:《社会保障国际比较》，首都经济贸易大学出版社，2007 年版。

齐延平:《社会弱势群体的权利保护》,山东人民出版社,2006 年版。

沈立人:《中国农民工》,民主与建设出版社,2005 年版。

史柏年等:《城市边缘人》,社会科学文献出版社,2005 年版。

谢建社:《新产业工人阶层——社会转型中的"农民工"》,社会科学文献出版社,2005 年版。

徐永祥:《社区发展论》,华东理工大学出版社,2000 年版

杨一介:《中国农地权基本问题》,中国海关出版社,2003 年版。

俞德鹏:《城乡社会:从隔离走向开放——中国户籍制度与户籍法研究》,山东人民出版社,2002 年版。

张静:《法团主义》,中国社会科学出版社,1998 年版。

张维迎:《信息、信任与法律》,三联书店,2006 年版。

赵树凯:《纵横城乡——农民流动的观察与思考》,中国农业出版社,1998 年版。

郑功成、黄黎若莲:《中国农民工问题与社会保护》,人民出版社,2007 年版。

周建明:《社会政策:欧洲的启示与对中国的挑战》,上海社会科学院出版社,2005 年版。

周其仁:《产权与制度变迁》,社会科学文献出版社,2002 年版。

Businesses offered help to strengthen health and safety: ' Last Chance ' For 5000 Workplaces to Improve Safety. Canada News Wire, 2005.

Coleman, J. S. Foundation of Social Theory. Cambridge: Belknap Press of Harvard University Press, 1990.

From the Environment to the Workplace: Occupational Health and Safety Activism in Ontario, 1970 – 2000. Canadian Review of Sociology & Anthropology, 2005, (3) .

Jos Berghman. Social Exclusion in Europe: Policy Context and Analytical Framework (Beyond the Threshold : the Measurement and Analysis of Social Exclusion) (Edited by Graham Room [M] . The Policy Press , University of Bristol, Bristol, UK. 11

Richard Rennie. The Historical Origins of an Industrial Disaster: Occupational Health and Labour Relations at the Fluorspar Mines, St. Lawrence, Newfoundland,

1933 –1945. Labour/Le Travail. 2005, vol. 55.

Roberts, Kenneth. The Determinants of Occupational Choice Of Labor Migrants to Shanghai. China Economic Review, 2001, 12 (1) .

Sherry R. Arnstein, A Ladder of Citizen Participation [J] . Journal of the American Institute of Planners, 1969.

Wang Shaoguang. Regulating Death at Coalmines: Changing Mode of Governance in China. The Chinese University of Hong Kong, 2004.

后记

之所以选择以“农民工社会管理创新研究”为题来完成我的博士论文，并在此基础上作进一步的深入研究来完善本专著，是因为我对农民工有着非常特殊的情感和渊源。

1972年的冬天，我出生在四川省盐亭县一个乡村教师家庭，从小耳濡目染父辈们如何在田野乡间躬耕劳作。他们朴实善良，苦心经营着自己的土地，养育着一方儿女。在那“千军万马过独木桥”的高考年代里，是他们把我送到村口，迈入城市，从此步入大学的殿堂。

带着对家乡父老的感激与牵挂，我一直期盼有朝一日，能够学有所成、回报家乡，回报有着养育之恩的农民。

1995年大学毕业，我进入了一家上市公司，伴随着公司的成长，我也逐渐由一名普通员工成长为公司高级管理人员。每天工作中我接触最多的是公司员工，他们大多数是当地的农民，他们的喜怒哀乐和境遇际况给我留下了深刻印象。他们不断为公司创造价值，同时他们也得到了比耕耘土地更高的收益。

机缘巧合，2009年我完成了人生第一次职业生涯转换，开始从事工会工作，有了较以前更为全面、更为系统的了解和研究农民工问题的机会。从而也与此同时我把已经在西南财经大学攻读博士学位的研究方向由人口经济学转向为人口社会学，对我国的人口数量、人口质量、人口结构、人口规模和人口的可持续发展也有了更为系统的认识和研究，对我国的农民工问题也就有了更加全面和客观的思考。

事实上，改革开放三十多年来，随着现代化进程的日新月异，我们国家的农村和城市都发生了翻天覆地的变化，农民工是我国社会转型时期工业化和城市化进程中出现的特殊群体，农民工问题是城乡二元体制所导致的一种畸形社会问题，在世界范围内“农民工”这个称谓也是我们国家独一无二的。

然而，农民工身份转变落后于职业转变，社会地位转变落后于经济地位转变，他们虽不再从事农业生产而从事非农产业，但他们仍然被排斥在城市化进程之外，不能享受与城市居民同等的就业权、受教育和培训权、社会管理参与权、社会资源享受权、社会保障权等，这种体制不利于我国城乡差距的缩小，不利于农民工身份的转换，不利于市场经济的发展，已经成为制约构建和谐社会和全面建成小康社会进程的重要因素。在这种情况下，加强和创新农民工社会管理，对农民工市民身份予以确认，能有效地推动现代化、城镇化进程，促进我国社会结构的转型，也有利于扩大内需、促进经济发展，解决我国“三农”问题，加快构建社会主义和谐社会。

故而，由衷期盼，能以此拙著，为国家在破解“农民工社会管理”这一社会难题上提供政策参考，希望国家在追求发展的同时，能从制度层面，从政策层面充分考虑农民工的实际问题。

所以，追根溯源，幼年时代的农村成长——企业高管与农民工的亲密接触——从事工会工作对农民工生存状况的真切体会——博士课程的系统学习和对农民工问题的专题研究，其实，在我的生命历程中，从来就没有间断过对农民工的研究和学习啊！

灯下，我又最后一次校对了书稿，文章不厌百回改，尽管这是自己研究和思考了多年的主题，但由于成书匆匆，在结构安排、思路整理和文字表达方面还存有太多的遗憾，按照尼采“手艺的严肃”之要求，我的活还是做得不够精致，但也正如尼采所说，“书”一旦脱稿后，便以独立的生命生存了。本书的诸多不足还敬请专家和读者予以批评指正！

最后，我要感谢一贯关心支持我的朋友和老师们，感谢西南财经大学吴忠观教授为本人进行农民工问题的研究和本书的写作方向所提出的宝贵建议，并感谢他欣然为本书作序。

同时，也感恩我的家人，家是温暖的港湾，是我工作和学习的动力与源泉，特别要感谢我的妻子罗小华博士，感谢她的理解和支持，同时她也是我论著的第一读者，她为我的研究和写作付出的心血，以及她的意见，我都十分珍惜。

王祥兵

2013 年 3 月 8 日凌晨于银都花园